WUYE KEHU FUWU
GUANLI SHIZHAN

物业客户服务管理实战

沟通服务+纠纷处理+投诉解决+法律依据

杨光瑶 ■ 编著

中国铁道出版社有限公司
CHINA RAILWAY PUBLISHING HOUSE CO., LTD.

图书在版编目（CIP）数据

物业客户服务管理实战：沟通服务+纠纷处理+投诉解决+法律依据/杨光瑶编著. —北京：中国铁道出版社有限公司，2023.7
ISBN 978-7-113-30162-0

Ⅰ.①物… Ⅱ.①杨… Ⅲ.①物业管理-商业服务 Ⅳ.①F293.33

中国国家版本馆CIP数据核字（2023）第064810号

书　　名：	**物业客户服务管理实战**（沟通服务＋纠纷处理＋投诉解决＋法律依据） WUYE KEHU FUWU GUANLI SHIZHAN (GOUTONG FUWU + JIUFEN CHULI + TOUSU JIEJUE + FALÜ YIJU)
作　　者：	杨光瑶

责任编辑：王　宏　　　编辑部电话：（010）51873038　　　电子邮箱：17037112@qq.com
封面设计：宿　萌
责任校对：安海燕
责任印制：赵星辰

出版发行：中国铁道出版社有限公司（100054，北京市西城区右安门西街8号）
印　　刷：天津嘉恒印务有限公司
版　　次：2023年7月第1版　2023年7月第1次印刷
开　　本：710 mm×1 000 mm　1/16　印张：13.5　字数：193千
书　　号：ISBN 978-7-113-30162-0
定　　价：69.80元

版权所有　侵权必究

凡购买铁道版图书，如有印制质量问题，请与本社读者服务部联系调换。电话：（010）51873174
打击盗版举报电话：（010）63549461

前言

如今,伴随着房地产行业的快速发展,物业管理行业蓬勃兴起,越来越多的人开始关注自己的居住环境能否享受到优质的服务。而如何满足业主多元化、高标准的服务需求,已经成为评价高品质物业服务的标准之一。

在这个以"客户满意度"为中心的时代,物业客户服务人员应该具有"以人为本,业主至上"的服务理念与意识,将客户服务融入管理之中,通过优质的服务维护好客户关系。只有这样,才能使物业公司获得经济效益和社会效益,同时促进社会文明进步。

目前,很多建筑物都面临着基础设施老化、物业服务缺位、居住环境脏乱、物业纠纷与投诉频发、邻里矛盾激化等问题。《中华人民共和国民法典》(简称《民法典》)生效后,原先涉及物业客户服务管理的很多法条也相应废止,已经按照《民法典》规定的内容执行,如业主的建筑物区分所有权、相邻关系、物业服务合同、建筑物和物件损害责任。

面对复杂的物业客户服务管理知识体系,物业服务人员应该如何利用法律来处理物业服务管理中的沟通问题、纠纷问题、投诉问题呢?为此,笔者编著了本书。阅读本书,希望可以帮助读者学会如何通过法律常识去进行物业客户服务管理,使物业沟通服务、纠纷处理、投诉处理的工作变得更简单。

本书共八章，可大致划分为五部分。

◆ 第一部分为第 1 章，这部分主要对物业客户服务的基础知识进行介绍，如物业客户服务团队建设、物业客户服务质量管理、物业客户服务的基本礼仪以及日常物业客户服务管理，从最简单的物业客户服务知识入手，让读者打好基础。

◆ 第二部分为第 2～3 章，这部分从沟通方式入手，详细介绍了有效沟通的方法、沟通技巧、回访、应对物业投诉、客户满意度调查和物业文件写作，通过这部分的内容，可以帮助读者详细了解沟通技能，以及它们的具体操作方法。

◆ 第三部分为第 4～5 章，这部分主要对如何处理各类纠纷进行了详细说明，将复杂的纠纷处理工作简单化。

◆ 第四部分为第 6～7 章，这部分主要对物业管理服务中那些与业主投诉相关的问题进行说明，将投诉问题法律化，便于读者更好地理解和使用。

◆ 第五部分为第 8 章，这部分主要对物业客户服务管理的法律法规进行讲解，通过本章的学习，让读者学会利用法律法规来处理各类物业客户服务问题，避免遇到问题手足无措。

本书的优势在于从日常管理工作的角度出发，将其与法律法规相结合，展示了物业客户服务管理的各种实用知识，并利用丰富的范本、案例、表格和图示降低枯燥感，让读者在一种轻松有趣的阅读氛围中学习本书的知识。

最后，希望所有读者都能从本书中学到想学的知识，快速打破物业管理壁垒，轻松进行物业客户服务管理。

编　者

第1章 物业客户服务管理须知

1.1 物业客户服务团队建设 ... 2
1.1.1 物业客户服务中心的设置 ... 2
1.1.2 物业服务人员的职业素质 ... 4

1.2 物业客户服务质量管理 ... 8
1.2.1 物业客户服务质量标准制定 ... 8
1.2.2 物业客户服务标准的实施与考核 ... 10

1.3 物业客户服务的基本礼仪 ... 12
1.3.1 仪容仪表 ... 12
1.3.2 行为举止 ... 13
1.3.3 语言规范 ... 15

1.3.4 接待来访人员 16

1.3.5 接待客户 16

1.3.6 接听与拨打电话 18

1.4 日常物业客户服务管理 19

1.4.1 客户资料管理 19

实用范本 客户档案管理工作规范 21

1.4.2 便民服务管理 23

1.4.3 代办服务管理 24

1.4.4 特约服务管理 26

1.4.5 维修服务管理 27

实用范本 客户请修流程单 30

第2章 物业客户服务沟通技能掌握

2.1 物业人员需进行有效沟通 32

2.1.1 进行有效沟通的障碍 32

2.1.2 倾听是有效的沟通技能 33

2.1.3 掌握沟通中的反馈技巧 34

2.2 客户服务中常见的沟通技巧 36

2.2.1 沟通的分类及要点 36

2.2.2 常用的沟通方式 39

2.2.3 与客户的基本沟通技巧 40

实操范例 尊重客户从记住姓名开始 41

实操范例 运用情感沟通解决纠纷 41

2.2.4 实践中的沟通技巧 43

实操范例 换位思考化解矛盾 44

实操范例 通过说服教育法治理乱贴广告的现象 45

2.3 回访提升服务质量 46

2.3.1 投诉回访的要求 47

实用范本 回访规范 48

2.3.2 维修工作回访的要求 48

2.3.3 走访、回访的要求 50

2.3.4 做好回访、走访记录工作 51

实用范本 客户回访记录表 51

实用范本 客户走访记录表 52

2.4 合理应对物业投诉 52

2.4.1 正确认识各类投诉 52

2.4.2 投诉处理程序 54

2.4.3 投诉接待与处理技巧 56

实用范本 住户投诉处理制度 56

第 3 章 灵活运用物业文件进行沟通

3.1 实施客户满意度调查 59

3.1.1 确定调查内容 59

3.1.2 发布调查通知 60

实用范本 满意度调查通知 60

3.1.3 设计调查问卷 61

实用范本 客户满意度调查问卷 61

3.1.4 撰写调查报告 64

实用范本 客户满意度调查分析报告 65

3.2 各类常规物业文件的写作详解 66

3.2.1 通知的写作要求与范本 67
实用范本 小区停水停电通知 67
实用范本 物业收费通知 68

3.2.2 通告的写作要求与范本 69
实用范本 关于车辆违规停放的通告 70
实用范本 关于高空抛物的通告 71

3.2.3 启事的写作要求与范本 72
实用范本 小区失物招领启事 73

3.2.4 提示的写作要求与范本 73
实用范本 关于春节期间的温馨提示 74

第 4 章 业主遭受损害的纠纷处理

4.1 物业维修纠纷 77
4.1.1 业主违反合法协议自封阳台 77
4.1.2 清楚界定房屋维修责任 79
4.1.3 业主擅自开孔安装空调 81
4.1.4 业主私自改变下水管 83
4.1.5 业主非法拆除房屋承重墙 84

4.2 建筑物致人损害纠纷 86
4.2.1 业主触电受伤，物业公司是否有责任 86
4.2.2 电梯发生事故，物业公司负责举证 88
4.2.3 业主坠楼受伤，物业是否承担责任 89
4.2.4 公共下水道堵塞造成损失，谁来承担损失 90
4.2.5 业主擅自占用楼道堆放杂物，被清理后要求赔偿 92

4.3 车辆管理纠纷 94

4.3.1 车辆停在小区免费停车场受损，物业该不该赔偿 94
4.3.2 高空坠物砸车，物业公司取证免责 96
4.3.3 业主擅自改变车位造成损失，物业公司无责 98

4.4 安全保卫纠纷 99

4.4.1 业主家里被盗，物业公司是否该赔偿 100
4.4.2 因紧急避险造成的损失，谁来担责 102
4.4.3 业主小区遭殴打，在场保安救助引起纠纷 103

第 5 章　物业侵权与管理费纠纷处理

5.1 业主侵权纠纷 106

5.1.1 业主损害物业公司名誉，属于侵权行为 106
5.1.2 房前小院扩建至绿地及人行道，物业公司可起诉 108
5.1.3 业主车辆受损，辱骂攻击保安构成侵权 109
5.1.4 业主占用公共楼道，物业公司如何处理 110
5.1.5 业主被踢出群聊，物业公司不负责任 111

5.2 物业公司侵权纠纷 113

5.2.1 业主违禁燃放爆竹引事故，物业公司是否承担责任 ... 114
5.2.2 物业公司张贴告示点名批评业主，不构成侵权 116
5.2.3 业主家里管道堵塞受损失，物业公司是否承担责任 ... 117

5.3 物业管理费纠纷 119

5.3.1 因新买房屋漏水，业主拒交物业管理费 119

5.3.2　未签物业服务合同，业主不能拒交物业管理费..................121

5.3.3　业主不能以家中被盗为由，拒交物业管理费..................122

5.3.4　物业合同期限届满，不可以作为拒付物业费的理由 124

第6章　物业环境投诉处理

6.1　物业交付投诉..127

6.1.1　以房屋与样板房不同为由拒绝收房，是否合理..................127

6.1.2　业主投诉搬家货梯被占用，如何处理..................................129

6.1.3　业主未交维修资金要求收房被拒..131

6.1.4　业主无法前来收房，委托亲属代为收房..............................133

6.2　装修管理投诉..135

6.2.1　业主投诉装修噪声影响休息..135

6.2.2　业主投诉楼上装修导致天花板漏水......................................137

6.2.3　业主投诉小区地下室建筑垃圾成堆......................................139

6.2.4　业主投诉楼下安装外置防盗窗..141

6.3　环境管理投诉..142

6.3.1　业主投诉有人经常在楼道乱粘贴广告..................................143

6.3.2　业主投诉走廊摆放鞋柜、婴儿车等......................................145

6.3.3　业主投诉小区高空抛物现象..147

6.4　房屋管理投诉..149

6.4.1　业主投诉小区天台被顶层住户占用......................................149

6.4.2　业主投诉雨水管倒灌造成室内浸水......................................151

6.4.3 业主投诉空调存在安全隐患 152

第 7 章　综合事务管理投诉处理

7.1 停车场地管理投诉 156
7.1.1 业主投诉小区消防通道被其他车辆占用 156
7.1.2 车主投诉在停车场内丢失贵重物品 158
7.1.3 业主投诉外来车辆占用小区车位 159
7.1.4 汽车在停车场被划伤，业主投诉物业公司 160

7.2 基础服务投诉 162
7.2.1 业主投诉物业公司人员变动频繁 162
7.2.2 小区菜地改造遭业主投诉 164
7.2.3 业主投诉自来水不干净 165

7.3 物业收费投诉 167
7.3.1 业主质疑物业公司侵占小区广告收益 167
7.3.2 业主质疑物业公司收取"违约金" 169
7.3.3 业主投诉物业公司有偿服务不透明 171
7.3.4 业主投诉动用维修资金不合法 172

第 8 章　物业客户服务管理的法律法规

8.1 依法订立物业服务合同 176
8.1.1 物业服务合同的订立 176
8.1.2 物业服务合同的效力 178

8.1.3 签订物业服务合同的注意事项 179
8.1.4 物业服务合同违约责任 181
8.1.5 物业服务合同的变更与解除 182

8.2 物业服务费的法律规定 184
8.2.1 物业服务费的构成 184
8.2.2 物业服务费的收费原则 186

8.3 法律法规在物业客户管理中确定的原则 190
8.3.1 建筑物区分所有权 190
8.3.2 建筑区划内的道路、绿地等权利归属 194
8.3.3 规划车位、车库权属的原则 194
8.3.4 相邻建筑物通风、采光和日照的原则 195

8.4 物业客户服务中的涉法处理实战 196
8.4.1 高空抛物致人死亡被判刑 196
8.4.2 业主在小区被狗咬伤，物业公司是否应赔偿 199
8.4.3 小区保安打死外卖人员，物业公司应否担责 201

第 1 章
物业客户服务管理须知

广义上,客户服务的对象包括外部客户与内部客户,服务人员包括客户服务人员及其他相关服务人员;狭义上,物业客户服务只指客户服务人员对客户及相关方提供的服务。物业客户服务是一项涉及面广、长期连续的管理工作,本章将对其基本内容进行介绍。

1.1 物业客户服务团队建设

在物业管理中,物业公司输出的产品是"服务",而这种服务主要通过公司的员工来实现。因此,提升物业客户服务人员的素质,进而提升整个物业团队的凝聚力和竞争力,这对物业公司而言至关重要。

1.1.1 物业客户服务中心的设置

为了在管理上更加贴近客户,为其提供更便利、快捷的服务,物业公司通常会成立客户服务中心。客户服务中心是物业公司的核心部门,绝大部分管理工作都由客户服务中心来处理与完成,其主要特征为:一站式服务、全程式管理、信息流畅、集中处理、快速应答、及时反馈。

物业客户服务中心主要负责客户接待,收集和汇总客户的投诉、建议和服务需求,并且协调和指挥物业公司内相关部门来处理和完成客户服务工作。

(1) 物业公司组织架构

物业公司是专门从事物业管理与服务的服务性企业,客户服务人员需要具备以客户为中心的服务意识以及较强的沟通、应变能力。物业公司想要更有序地进行管理,一个合理的组织架构必不可少,组织架构是全体员工为实现公司目标与服务宗旨,在管理工作中进行分工协作,在职责范围、责任、权利等方面所形成的结构体系。

物业公司的组织结构主要是将物业涉及的业务内容加以分解,从而在明确管理层级与工作隶属关系的基础上,有效落实团队的组织规划事项。因功能不同,物业公司的组织架构可以表现出不同的模式,常见的组织架构模式如图1-1所示。

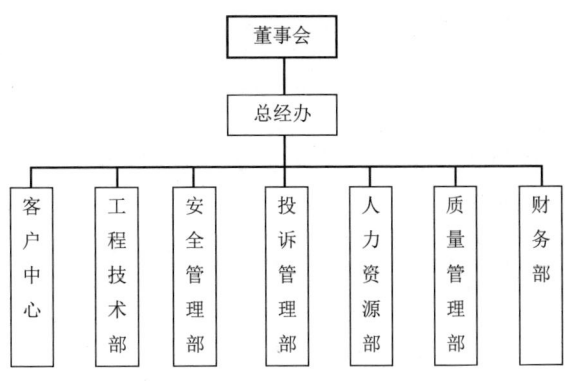

图1-1 常见的组织架构模式

为了保证客户服务中心具备相应的资源调配权，在物业公司组织架构的设置上，客户服务中心应尽量高于其他部门，从而形成以客户服务中心为辐射核心的组织架构图，如图1-2所示。

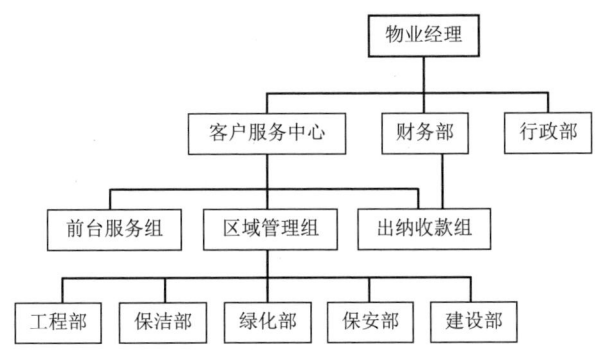

图1-2 以客户服务中心为辐射核心的组织架构图

（2）客户服务中心的主要职责

客户服务中心的主要职责是为客户提供信息查询、信息咨询、交易服务，负责处理客户投诉和建议、做好业主关系维护等工作，一般包括但不限于以下职责。

◆ 受理客户来电、来信、现场服务请求和投诉，并做好详细记录，建立客户服务、投诉档案。

- ◆ 落实客户服务请求和投诉（通知对应部门进行处理），并及时将落实情况传达给客户。
- ◆ 跟踪分配任务的完成情况，对未能按照规定进度进行处理的，发出整改通知或请示客户服务中心主任进行处理，并及时将处理结果反馈给客户。
- ◆ 对投诉进行跟踪、回访和记录，然后进行统计、分析，并提供分析报告。
- ◆ 对外协调客户、物业公司、房地产公司、施工单位以及其他关联公司的关系。
- ◆ 各种物业工作的检查、管理与督促。
- ◆ 各种资料的档案管理。
- ◆ 客户入住办理、房屋装修等合约签订与证件办理。

1.1.2 物业服务人员的职业素质

从本质上来说，物业管理是一个服务千万住户的行业，其工作结果直接关联着众多住户的日常生活。因此，物业客户服务人员需要具备基本的职业素质，树立良好的职业道德，拥有丰富的职业技能，才能胜任本职工作，从而提升个人和公司的形象，使客户关系更加和谐。

（1）心理素质

➢ 自我调节能力

人在情绪不佳时会产生各种各样的负面情绪，这些负面情绪会带来很多不利的影响。例如，一名物业客户服务人员每天要接待50位客户，如果第一位客户的态度不是特别友善，那么这位客户服务人员的情绪也会受到影响。但他不能发泄情绪，因为后面还有49位客户需要服务。此时，就需要调节好自己的情绪，不能将坏情绪转移给客户，想要成为优秀的客户服务人员，就需要具备强大的心理素质。

> 应变能力

应变能力是指对某些突发事件有效处理的能力。作为物业客户服务人员，每天都需要面对不同的客户，部分客户还可能带来难题，有时还可能发生矛盾、纠纷，此时客户服务人员应该怎么办呢？其实，有经验的客户服务人员是能够很稳妥地处理这类突发事件的，因为他们具备一定的应变能力，能够做到处变不惊。

> 承受能力

作为物业客户服务人员，可能会遇到各类客户的误解，甚至是辱骂。还可能会遇到客户越过客户服务人员直接向其上级领导投诉的情况，在投诉过程中还会夸大其词，本来客户服务人员的服务并不是特别差，但从客户嘴里描述出来就显得非常恶劣，甚至要求物业公司立马开除该工作人员。因此，物业客户服务人员需要具备较强的承受力，能承担遇到的挫折打击。

> 支持能力

客户服务人员需要对自己的每一位客户提供最好、最全面的服务，不能有所保留。也就是说，客户服务人员在面对第一位客户和最后一位客户时，态度都必须保持一致，付出同样的服务热情。对于客户而言，他们并不知道你前面服务过多少客户，面对过哪些刁难，无法体会到你的心情。因此，客户服务人员需要具备满负荷情感付出的支持能力，通常工作经验越丰富的客户服务人员，就越具备较强的满负荷情感付出的支持能力。

> 勇往直前的能力

客户服务人员在工作中需要不断调整自己的心态，遇到任何困难与挫折都不能轻言放弃，保持一个积极向上、永不言败的良好心态。其实，这与团队的氛围有很大关系，一个积极向上的团队，会无形中化解客户服务人员心中的负面情绪。若团队氛围比较压抑，就需要客户服务人员自我调节。

（2）品格素质

> 忍耐与宽容

对于客户服务人员而言，忍耐与宽容是其应具备的基本品格素养，也是一种美德。优秀的客户服务人员会为客户提供满意的服务，每天面对不同性格、不同观念的客户，就算不能与其成为朋友，也会真诚地去对待他，因为这是本职工作。同时，客户服务人员还需要有较强的包容心，包容客户的无理取闹、胡搅蛮缠以及斤斤计较。

> 敢于担当

在工作过程中，因自身能力问题或其他失误，可能导致工作出现各类问题，此时客户服务人员就需要承担责任，但同事之间可能会相互推诿。客户服务中心是物业公司的服务窗口，主要作用是为客户提供服务，帮助客户解决问题、化解矛盾，所以客户服务人员应敢于担责，而不是推卸责任。

> 坚守诚信

不仅是物业公司，很多企业都明确要求员工不要轻易向客户承诺，如果承诺了就要说到做到。如果客户服务人员轻易答应客户的要求，会使自己的工作变得非常被动。不过，既然答应了客户，客户服务人员就要想办法做到，从而兑现自己的诺言，否则会失去客户的信任。

> 集体荣誉感

任何一个企业都需要强调团队精神，没有哪一个客户服务人员可以完成所有的工作。就如同一个球队，每个球员在赛场上的目的不是为了自己进球，而是为了整个球队大获全胜。而物业公司的客户服务人员不是为了表现自己，而是为了把整个客户服务中心的工作做好，因此，客户服务人员应有团队精神和集体荣誉感。

> 为人谦虚

客户服务人员在具备了非常丰富的物业知识后，此时可能变得骄傲，觉得客户是"门外汉"。特别是专业技能较强的客户服务人员，在物业领域可能被称为"专家"，如果不具备谦虚的态度，就会在客户面前炫耀自己的专业知识，嫌弃客户不专业，这是客户服务中最忌讳的一点。客户服务人员要有很高的服务技能与全面的专业知识，但不能卖弄，更不能认为客户无知。

（3）技能素质

一名合格的客户服务人员还需要具备语言表达能力、行业知识及经验、专业技能、形体语言技巧等技能素质。

- ◆ **语言表达能力**：良好的语言表达能力是必要技能。另外，客户服务人员还应具备良好的人际关系处理与沟通能力，这样与客户的交流可以变得更加顺畅。
- ◆ **行业知识及经验**：客户服务人员不仅需要懂得如何与客户沟通，还要具备行业知识及客户服务经验，能够对客户提出的问题做出专业解释。其实，客户最希望得到的就是服务人员的尊重与帮助，所以客户服务人员应该重视行业知识和经验的积累。
- ◆ **专业技能**：熟练的专业技能是对客户服务人员最基本的要求，每个客户服务人员入职后都需要学习物业管理方面的专业技能。
- ◆ **形体语言技巧**：形体语言技巧可以使客户服务人员展现出专业的素质，举手投足、说话方式、笑容控制等，都可以表现出客户服务人员是否专业。

（4）综合素质

物业管理属于服务行业，所以在客户服务的工作中，客户服务人员要牢记"客户至上"的服务观念。客户服务中心面对的是客户，所以物业公司必须要求客户服务人员能够独当一面，可以独立处理客户服务中的各类棘手问题。

当然，客户服务人员不仅要做好客户服务工作，还应具备分析解决问题的能力，能够帮助客户解决实际难题。如果客户有意刁难，客户服务人员还需通过良好的沟通交流安抚客户，化解客户服务危机。

1.2 物业客户服务质量管理

在激烈的服务竞争中，哪家物业公司的服务质量好、信誉高，就能在竞争中赢得客户的好评，从而获取长远发展。因此，服务质量是物业公司十分关注的问题，也是所有客户服务人员需要重视的。

服务质量的好坏没有硬性指标可以衡量，是客户服务人员与客户之间的互动形成，出自客户的直观感受，所以具有很强的主观性和差异性。简单来说，服务质量是指服务能够满足客户已有或潜在的需求，是服务工作能够满足客户需要的程度，是客户服务人员为使目标客户满意而提供的服务水平。

1.2.1 物业客户服务质量标准制定

物业客户服务质量标准是客户服务体系中的重要内容，服务质量标准侧重于服务结果的检验，规范化、标准化的物业服务必须得到服务质量标准的支撑。在客户服务质量建设上，物业公司可以编制物业客户服务质量标准，规范服务礼仪标准、环境卫生服务标准、维修服务标准等。

质量标准的制定除了细化，还需要注意其适宜性，并不是说标准越高就越好，而是越贴切实际越好，需要结合物业公司的管理水平来制定，不能脱离物业公司的实际情况。同时，质量标准制定好以后，物业公司还需要通过实践进行检验，并对服务质量标准的落实情况进行监督与考核，给予其应有的重视度与关注度。

（1）物业客户服务标准的要素

规范化的服务质量管理是对物业公司及其员工的监督与约束，国家对物业管理服务的质量保障十分重视，而物业服务公司是劳动密集型行业，更需要通过优质的服务来获得客户认可。优质的客户服务标准主要包含三大要素，分别是服务人员、服务硬件和服务软件。

➢ 服务人员

物业公司的服务硬件与服务软件具有相应规则，而这些规则需要靠客户服务人员来执行与维系，客户服务人员的服务意识、服务精神以及服务过程中的言行举止等都直接决定着服务质量的好坏。其中，客户服务人员的个人因素主要包括图1-3所示的七个方面。

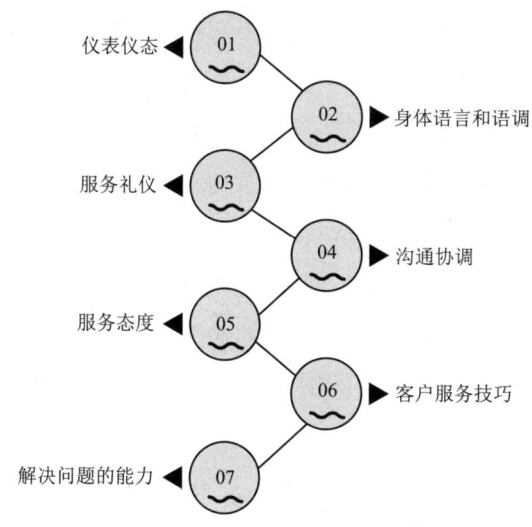

图1-3　客户服务人员的个人因素

➢ 服务硬件

服务硬件是指物业公司开展客户服务所必需的各种物质条件，是客户服务的"外包装"，主要作用是向客户传递服务信息，从而提升客户的服务体验。服务硬件主要包括三方面，分别是服务地点、服务设施和服务环境。

➢ 服务软件

服务软件是指物业公司为开展客户服务提供的平台或工具，包含客户服务工作的所有程序和系统，为满足客户需要提供的各种机制和途径。如物业管理系统、客户沟通渠道、客户反馈平台、组织和监管管理工具。

（2）制定优质客户服务标准

物业公司在制定优质客户服务标准时，最好遵循相关的指导原则，具体介绍如下：

- ◆ 服务标准应能满足客户的实际需求，并反映出组织的目标。
- ◆ 服务标准需所有员工参与设计并确认，尽量征询客户的意见。
- ◆ 服务标准尽量追求完美，避免出现缺陷。
- ◆ 服务标准中的陈述应清晰，并以书面形式完整描述。
- ◆ 服务标准必须以事实为依据，切实可行、通俗易懂。
- ◆ 服务标准必须得到高层管理人员的认可与支持。
- ◆ 服务标准一旦确立，就应该严格执行，不能出现任何偏差。
- ◆ 随着时间的变更，若服务标准不再适用，必须及时予以修正。
- ◆ 在对服务标准进行修正后，需得到所有员工的确认与认可。

物业公司在确定客户服务质量标准时，还需要注意避免步入误区，具体介绍如下：

- ◆ **应具有可操作性**：服务标准不是越严越好，符合客户需求、切实可行、操作性强的标准才是好的标准。
- ◆ **服务标准需要公开**：将服务标准严格保密是常见的误区，物业公司的服务标准是否真正得到执行，不仅需要相关部门进行监督，更需要得到客户的监督，这样才能使服务标准实现真正的价值。
- ◆ **考虑实际需求**：对于物业客户服务而言，服务标准并不是越细越好，而应该重点考虑客户的实际需求并令其满意。
- ◆ **灵活运用**：避免机械执行不懂变通，多数时候，物业公司应该灵活运用服务标准，而不是死板的执行标准，不懂变通。

1.2.2　物业客户服务标准的实施与考核

客户服务标准是物业公司客户管理标准化运作的基础，是衡量和判定物业客户服务效果的准则，因此也被称为服务规范。对物业公司来说，管理者可以通过服务审核系统、员工反馈系统和客户反馈系统三个系统来对客户服务质量进行评价，从而了解客户服务标准的实施情况与考核效果。

（1）服务审核系统

服务审核系统是物业公司定期考核服务执行情况的一种形式，采用一定的方法和手段来检测服务系统是否完善，主要步骤如图1-4所示。

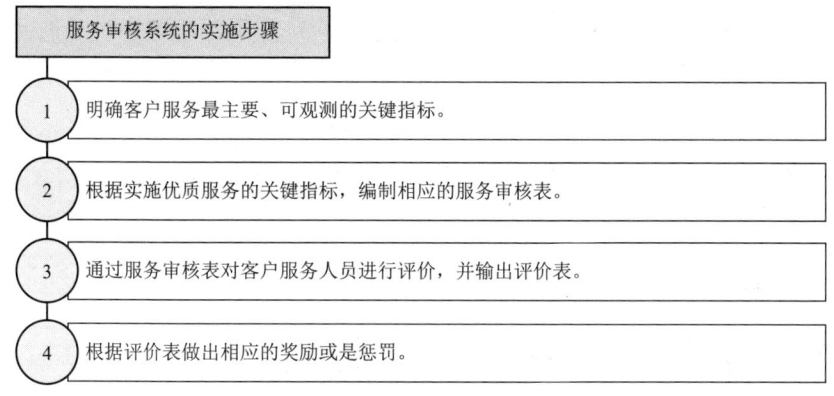

图1-4　服务审核系统的实施步骤

（2）员工反馈系统

员工反馈系统是指物业公司对员工的工作表现予以观察，并与员工进行信息分享的系统。使用员工反馈系统有以下作用。

◆ 物业公司可以更好地掌握员工的客户服务行为，对客户服务质量加以把控。

◆ 可以与员工进行信息共享，提高服务质量。

◆ 可以与员工对重要事项进行及时交流。

（3）客户反馈系统

客户反馈系统是指物业公司通过一定的方法，以了解客户对服务质量的评价的工作过程，此过程中物业公司可以掌握客户的各方面信息。不过，客户信息反馈也存在一些障碍，如客户不相信反馈会起作用、客户不愿意配合反馈、反馈渠道不畅通。这时就需要打通客户与物业公司之间的交流渠道，主要有以下几种方法。

- ◆ 物业公司主动与客户进行面对面的交谈。
- ◆ 组织专项小组，邀请客户参与物业公司的交流会。
- ◆ 请求客户对市场调查做出反馈。
- ◆ 在物业显眼处设立意见箱及反馈簿。
- ◆ 分析客户不满的原因并加以解决，同时将问题的解决过程与结果告知客户。
- ◆ 开展客户反馈交流会或采用其他沟通方式。
- ◆ 安排高层管理人员来处理客户的抱怨与反馈。
- ◆ 及时对客户的抱怨和请求做出回应。

1.3　物业客户服务的基本礼仪

礼仪是人与人接触交往中相互敬重和友好的表现行为，体现了文化层次和文明程度。物业公司属于服务行业，因此，需要特别重视礼仪，这对做好物业管理工作具有非常重要的意义。

1.3.1　仪容仪表

物业客户服务人员的仪容仪表在工作沟通中具有非常重要的作用。仪容是指客户服务人员的外观、外貌，侧重点为客户服务人员的容貌。在与客户进行交流时，客户服务人员的仪容比较容易引起客户的特别关注，并将影响到对方对自己及物业公司的整体评价，以下为客户服务人员仪容一般要求。

➢ 服饰着装

①上班期间需穿着工作服，工作服保持干净、整洁，纽扣扣齐，禁止敞开外衣，非工作需要不将衣袖、裤管卷起或者将衣服搭在肩上。

②工作服外衣衣袖、衣领不显露个人衣物，工作服外不显露个人物品，

衣袋不装过大、过厚物品，且袋内物品不外露。

③上班期间统一佩戴工作牌，工作牌端正地戴在指定位置处（如左胸襟处）。

④非上班时间不穿着或携带工作服外出（除因公或经批准外）。

⑤鞋袜穿戴整齐，鞋带系着规范，禁止穿鞋不穿袜。

⑥女员工建议穿肉色丝袜，男员工建议黑色袜子。

⑦非特殊情况下，不穿着背心、短裤、拖鞋出现在工作区。

⑧不允许戴有色眼镜。

> 须发

①女员工的前发不遮眼、后发不超肩，不梳怪异发型。

②男员工后发根不超过衣领、不盖耳，且面部不留胡须。

③所有员工的头发保持整洁光鲜，不允许烫染头发（除黑色以外）。

④所有员工按标准须发，不允许剃光头。

> 个人卫生

①勤洗手，保持手部干净。勤剪指甲，指甲不超过指头2毫米，指甲内保持清洁，无残留污物，不涂有色指甲油。

②员工应经常洗澡防汗臭，勤换衣服。

③上班前不吃有异味食品，保持口腔清洁、口气清新。

④头发经常梳洗，保持整齐清洁、自然色泽。

⑤保持眼、耳、鼻清洁，不允许残留脏污。

⑥女员工保持淡妆打扮，避免浓妆艳抹。

⑦上班前注意检查自己的仪表，不能在客户面前或公共场所整理仪容仪表，可到卫生间或工作间整理。

1.3.2 行为举止

与客户交往的过程中，客户对物业客户服务人员个人形象的感知，不仅有静态的仪容仪表，还有动态的举止言谈。相比之下，动态的举止言谈更能反映客户服务人员的内在修养，所以在客户的整体感知中占据更为重要的地位，也直接影响着服务质量。

➤ 服务态度

①对客户服务时应随时面带笑容，和颜悦色，热情主动。

②在将客户劝离工作场所时要文明礼貌，做好解释及道歉工作。

③和颜悦色地接受客户评价，对客户的投诉也应耐心倾听，及时向上级领导汇报并跟踪处理结果。

➤ 行走

①行走时不应将手放在衣袋里，也不应双手抱胸或背手走路。

②在工作场合与他人同行时，不应勾肩搭背、嬉戏打闹。

③行走时不应随意与客户抢道穿行，特殊情况下应向客户示意后方可越行。

④走路时肢体动作应轻快，非紧急情况下不应奔跑、跳跃。

⑤手拉货物行走时，不应被货物遮住视线。

⑥尽量靠路的右侧行走。

⑦与客户相遇时，应主动点头示意。

➤ 就座

就座时姿态要端正，入座时动作要轻缓，上身挺立，身体重心要稳，手自然地放在双膝之上，双膝并拢，目光平视，面带笑容，严禁将双手夹在腿中间。其中，客户服务人员就座时不应出现以下几种姿势。

①坐在椅子上前俯后仰，跷脚抖腿。

②在客户面前双手抱在胸前，跷"二郎腿"或半躺半坐，姿态懒散。

③趴在工作台上或把脚踩在工作台上。

④摇晃桌椅，发出各种声响。

➤ 其他行为

①不允许随地吐痰、乱扔垃圾等。

②上班时间不应吃零食，玩耍个人物品或做与工作无关的事情。

③在公共场所及客户面前不吸烟、不掏鼻孔、不掏耳朵等，不允许伸懒腰、哼小调、打哈欠等，更不允许口叼牙签到处走。

④到客户家里处理工作时，禁止乱翻乱摸，不允许接受客户的东西、礼物等。

⑤与客户交流时，不要出现过多的手势，肢体幅度也不宜过大。

1.3.3　语言规范

物业公司都知道客户服务的重要性，所以掌握沟通的语言艺术是很有必要的。面对客户，物业客户服务人员需要懂得如何与之进行沟通，也就是如何与客户"好好说话"。

问候语。您好、早安、午安、早上好、下午好、晚上好、路上辛苦了、您回来了。

欢迎语。欢迎您来我们住宅小区、欢迎您入住本楼、欢迎光临。

祝贺语。恭喜、祝您新年快乐、祝您生日快乐、祝您新婚快乐、祝您新春快乐、恭喜发财。

告别语。再见、晚安、明天见、祝您一路平安、欢迎您下次再来。

道歉语。对不起、请原谅、打扰您了、失礼了。

道谢语。谢谢、非常感谢。

应答语。是的、好的、我明白了、谢谢您的好意、不要客气、没关系、这是我应该做的。

征询语。请问您有什么事？我能为您做什么吗？需要我帮您做什么吗？您有别的事吗？

请求语。请您……好吗？请您协助我们……

商量语。……您看这样好不好？

解释语。很抱歉，这种情况，公司的规定是这样的。

1.3.4　接待来访人员

物业客户服务人员在接待来访人员时，需要遵守"热情礼貌、服务周到、对口接待、严格标准、统一管理"的原则，从而树立物业公司的形象，促进对外接待工作规范化，常用接待礼仪如下所示。

①面对来访人员，应主动说"您好，请问您找哪一位""我可以帮助您"和"请您出示证件"等。

②确认来访人员的要求后，可以说"请稍等，我帮您找"并及时与被访人联系，然后告诉来访人"他马上来，请您先等一下，好吗？"

③当来访人员不理解或不愿出示证件时，应说"对不起，这位先生／女士，这是公司规定，为了客户的安全，请理解！"

④当来访人员忘记带证件必须进入区域时，应说"先生／女士，请稍候，让我请示一下好吗？"此时，使用对讲机呼叫管理人员前来协助处理。

⑤如果确认来访人故意捣乱，强行闯入时，应先说"对不起，按公司的规定，没有证件不允许进入小区，请配合我的工作。"当对方不听劝告，执意要硬闯时，立即用对讲机呼叫就近管理人员，但应尽量保持冷静，只要对方没危及他人安全或进行破坏，均应耐心劝导并冷静等待管理人员。

⑥当来访人员出示证件时，应说"谢谢您的合作，欢迎光临。"

⑦若被访人不在或不想见时，应礼貌地对来访人员说"对不起，他现在不在，您能留下名片或口讯吗？"

⑧当来访人员离开时，应说"欢迎您再来，再见！"

1.3.5　接待客户

在物业客户服务人员开展服务工作的过程中，总是不停地接待各类客户，客户还会提出各种各样的要求，此时物业客户服务人员就需要掌握接待客户的基本礼仪，从而灵活地应对。

①对客户提供服务时，应面带微笑、和颜悦色、聚精会神、注意倾听、神色坦然、坦诚待人，从而给人以亲切感、受尊重感、真诚感、宽慰感以及镇定感等。

②对客户一视同仁，面对不同的客户应提供相同的服务，如果客户有事相求，则应立即放下手中工作招呼客户。

③严禁与客户开玩笑、打闹或取外号。

④客户在与其他人交谈时，不要走近旁听，更不要出现类似于窥视客户的行为。

⑤禁止对客户的容貌体态、穿着打扮交头接耳、指手画脚，更不许围观、背后议论、模仿或讥笑客户。

⑥当客户提出不属于自己职责范围内的服务要求时，应尽可能为客户提供力所能及的帮助，切忌说"这与我无关"之类的话，也不可随口就答应或承诺。

⑦与客户交谈时，要全神贯注用心倾听，耐心等待对方把话说完，不要随意打断，若是没听明白应该礼貌恳请对方重复一遍。

⑧对客户的问询应尽量圆满答复，若遇无法解决的问题，应请示上级领导后尽量答复对方，不能推脱说不知道，也不能不懂装懂胡乱说一通误导客户。

⑨与客户对话时，如果遇到其他客户需要问询，应主动点头示意打招呼或请对方稍等，不能视而不见，同时尽快结束谈话招呼客户。

⑩需要客户协助工作时，首先要表示歉意，并说"对不起，打扰您了"，事后还需要对客户的帮助表示感谢。

⑪遇到熟悉的客户回来时，应说"先生/女士，您回来了。"

⑫当客户有事咨询时，应热情接待，并说"有困难直说，希望我能给您提供帮助"，严禁接收客户施以的恩惠或其他好处。

⑬当遇到客户挑衅时，应说"请尊重我们的工作，先生/女士。"

⑭如果遇到行动不便或年龄较大的客户经过时，应主动上前搀扶。

1.3.6　接听与拨打电话

物业客户服务人员不仅需要掌握基本礼仪，还需要掌握相应的电话礼仪，如下为常见的电话礼仪。

①铃响3声以内必须接听电话。

②拿起电话，应清晰报道"您好，物业客户服务中心。"

③认真倾听对方的电话事由，如果需传呼他人，应请对方稍候，然后轻轻搁下电话，去传呼他人；如果客户有重要事宜，则应将客户的要求逐条记录在工作日记内，并尽量详细答复。

④通话完毕，应语气平和地说"谢谢，再见！"，在对方放下电话后再轻轻放下电话。

⑤在接电话时，如果听不懂对方的语言，应说"对不起，请您用普通话，好吗？""不好意思，请稍候，我不会说××话。"

⑥通话过程中如果遇到急事需要暂时中断电话，应先征得客户的同意并表示感谢，恢复与客户通话时，切勿忘记向对方致歉。

⑦接听电话时，语调应清晰自然、柔和与亲切，切忌装腔作势、声量忽高忽低，以免客户听不太清楚。

⑧拨打客户电话并接通后，应首先向对方致以问候。

⑨通话完毕时，应说"谢谢，再见。"

> **知识扩展　值班时接到投诉、咨询的处理**
>
> ①对客户的投诉、咨询要细心聆听，不能表现出不耐烦。
>
> ②如果客户要投诉，应指引其到"物业客户服务中心"反映。如果存在误解，客户服务人员应尽量向客户解释，若无法解释清楚应立即请求上级领导协助处理。

1.4 日常物业客户服务管理

物业客户服务中心每日需要处理的日常工作都比较繁杂，如收集客户资料、接待访客、接听咨询电话及办理各类手续，任何工作不能使客户满意，都可能引来客户的投诉，所以客户服务人员应特别重视日常物业客户服务管理。

1.4.1 客户资料管理

为了给客户提供物业管理区域内的各种信息，使客户及时了解物业管理活动的需求，物业客户服务中心可以收集客户资料。同时，为了确保能为客户提供准确、统一的咨询，避免出现错误的信息，物业客户服务中心应将物业基本信息编制成册，供员工培训、查询使用，成册的信息主要包含以下内容。

➢ 物业的基本情况

①物业的占地面积、总建筑面积、绿化面积、绿化率、容积率、栋数、每栋楼的层数以及总车位数。

②客户与租户的总户数、总人数、已入住户数以及常住户数。

③物业管理费、垃圾清运费与维修基金收取标准，自来水、用电、天然气、有线电视及宽带等收费标准。

④急救、匪警、火警、天然气、水电及有线电视抢修、物业公司（相关人员）、派出所、宽带网维护与投诉等紧急联系电话。

⑤入住装修、入住携带物品、办理放行条以及办理车位等程序。

➢ 物业公司的运作体系

①物业服务管理体系建立、实施和改进。

②物业服务管理体系策划和建立的核心理念，最好以书面文件系统地加以规定。

③物业管理制度要形成手册及支持文件。

④物业员工的职能和角色,并对物业客户服务中心具体负责的业务活动做出统一规范。

➤ 物业设施设备及配套情况

给排水系统。给水设备、排水设备、房屋卫生设备、消防设备、房屋热水供应设备。

电器系统。物业的供电设备、物业的弱电设备、房屋的电梯设备、电气照明系统。

供暖、空调、通风系统。采暖设备、空调设备、通风设备。

燃气设备。燃气灶、燃气表、燃气管道、天然气管网等。

➤ 物业周边信息

①当地的文化习俗、风土人情、生活习惯、喜好以及禁忌等。

②各类交通工具运营时间、价格等。

③物业周边主要配套设施的服务内容、电话号码与营业时间,如商场、超市、电影院、游乐场、医院、银行、学校以及体育馆。

④当地政府部门、供电所、供水所、天然气、有线电视、电话、宽带网等单位的运作情况与详细地址。

⑤当地著名景点的名称、特色、营业时间、门票以及抵达方式等。

⑥当天的天气情况、空气质量以及其他公共信息项目。

➤ 物业管理相关的政策文件

①《住宅专项维修资金管理办法》。

②《中华人民共和国物业管理条例》。

③《中华人民共和国民法典》(第二编 物权)。

④《物业服务收费管理办法》。

➤ 客户容易遇到的疑难问题

针对客户容易遇到的疑难问题,物业客户服务中心通常可以准备以下常见资料。

①各类交通工具的时刻表、价格表、里程表以及买退票的详细规则。

②各类地图，如世界地图、全国地图、全省和本市地图。

③官方出版的各类景点宣传册，物业公司出版的公司介绍宣传册。

物业客户服务中心除了要整理以上资料为客户提供便利外，还需要管理客户信息，此时可以制定相应的客户档案建立与管理规范，以下为范本，供借鉴参考。

实用范本 客户档案管理工作规范

一、目的

对客户档案管理进行规范，确保客户档案保存完整。

二、适用范围

适用于物业客户服务中心的档案管理。

三、职责

1. 物业客户服务中心主管负责监控客户档案保管与跟踪工作。

2. 物业客户服务中心员工负责依照本规范实施档案保管与跟踪工作。

四、程序要点

1. 客户档案内容。

（1）双方签订的客户公约。

（2）双方签订的消防安全责任书。

（3）客户家庭情况登记表。

（4）钥匙领用登记表。

（5）客户证领用登记表。

（6）客户入住验房表。

（7）装修申请审批表。

（8）装修图纸及施工队资料。

（9）位置处理通知单及处理结果文件。

（10）客户的相关证件复印件，如身份证、工作证。

2. 部门档案盒的制作。

（1）根据档案盒的规格准备相应的档案标贴纸。

（2）在档案标贴纸上打印标准字体的档案类别名称，格式通常由组织机构与名称组成。

（3）将制作好的档案标贴纸贴在档案盒左侧立面位置上。

3. 制作客户档案袋。

（1）准备大小合适的档案袋。

（2）将写有"小区名称＋栋号＋楼层号＋房号"的标贴纸贴在档案袋封面上。

4. 将客户的资料存放在相应的档案袋内。

5. 将客户档案袋按小区的栋号、楼层号与房号的先后顺序摆放在档案盒内。

6. 跟踪客户档案。

（1）当发生后面两种情况变化时，物业服务中心的员工应将编号情况记录在客户档案中：通信方式发生变化、客户发生更替。

（2）客户档案跟踪管理，物业客户服务中心应每季度进行一次核查，对拖欠管理费、水电费和其他服务费一个月以上的客户，客户服务人员应至少每个星期跟踪一次。

7. 物业公司所有员工有义务为客户保密，未经客户许可不允许向外透露任何客户信息。

8. 客户档案属于保密文件，查阅前须报物业客户服务中心主管批准，在办理登记手续后方可查阅，并负责借阅期间的档案保密管理。

五、支持文件及记录

（1）档案借阅登记表。

（2）客户档案卷内目录。

1.4.2 便民服务管理

物业公司可以收集便民服务资料,并将其整理归档,然后结合物业当前的具体情况进行综合分析,从而确定可行性的便民服务项目,并落实具体负责的部门。

- ◆ **考虑事项**:选择便民服务项目的内容时,应考虑不同地区、不同人群的实际情况,从不断满足客户日益增长的需求出发,尽可能开展多样化的便民服务。
- ◆ **落实责任部门**:受理和联系的工作可以交给负责客户接待的客户服务人员,而辅助性工作则可以交给安保人员。
- ◆ **确定协作单位**:物业公司应谨慎选择协作单位,可以对多家单位进行评审后,最终选择一家信誉好、实力强、质量可靠的协作单位。
- ◆ **选择项目内容**:通常情况下,便民服务项目分为有偿便民服务项目和无偿便民服务项目,客户服务中心负责的内容见表1-1。

表1-1 客户服务中心负责的内容

名 称	类 别	内 容	责任部门
有偿便民服务项目	商业网点	超市	客户服务中心
		饮品店	
		快餐店	
		理发店	
		洗衣店	
		咖啡馆	
	商务服务	电话	
		上网	
		传真	
		电子邮件	
		打印/复印	
		广告设计	

续上表

名　称	类　别	内　容	责任部门
有偿便民服务项目	礼仪服务	迎送宾客	客户服务中心
		商务接待	
		鲜花配送	
	健康服务	建立客户健康档案	
		设立家庭医生	
		身体基础检查	
		定期健康咨询	
无偿便民服务项目	—	代定宾馆、酒店	客户服务中心
		组织各种展销活动	
		代订牛奶、饮用水	
		推荐专职勤杂工	
		电话留言服务	
		代办有线电视、煤气、电话等	
		组织体育锻炼活动	
		开设棋类活动	
		组织小区内少儿、老年活动	
		提供居家装修咨询	
		提供家居绿化咨询	

1.4.3　代办服务管理

代办服务主要是指物业客户服务中心为客户提供的各项代办服务，目的是更好地服务客户。

（1）代办服务的要求

通常情况下，物业客户服务中心开展代办服务需要满足下列要求。

- ◆ 代办服务工作应在物业经理的直接管理下进行，客户服务中心主要负责日常的代办服务工作，由客户服务中心具体实施。
- ◆ 每年年底或下一年年初时，物业客户服务中心的主管应组织客户服务中心人员进行年终总结，并制订下一年年度代办服务开展计划，内容包括代办服务项目、人员组织与安排、与相关方的联系等。
- ◆ 物业客户服务中心应半年组织召开一次代办服务工作会议，总结工作经验，并安排下个阶段的工作任务。明确下阶段工作的中心内容，强调物业公司的服务宗旨。
- ◆ 做好代办服务，加强物业公司与协作单位的关系，并对协作单位的员工进行培训，提高他们的服务意识，进而为客户提供更加优质的服务，确保与客户之间的密切联系。

（2）代办服务的项目策划

选定代办服务项目后，为了客户服务人员更直观地查看，可以制订相应的代办服务项目表，见表1-2。

表1-2　代办服务项目表

序　号	项目内容	责任部门	协作单位
1	代办报纸、杂志订购手续	客户服务中心	邮政局
2	代付公用事业费，包括电费、水费、燃气费、电话费以及有线电视费等		供电所、自来水公司、天然气公司以及电信局等
3	代送信件、公文、传真		快递公司
4	代办财产保险，如房产保险、汽车保险		保险公司
5	代办人寿保险		保险公司
6	代为聘请和联系钟点工、保姆、家庭教师		居委会、家政公司、培训学校

续上表

序　号	项目内容	责任部门	协作单位
7	代办票务服务，如代订机票、火车票、船票	客户服务中心	票务公司
8	代办节假日旅游手续		旅行社
9	代办各种礼仪活动、喜事庆典、摄像服务等联系事宜		礼仪公司
10	代购礼品、代办礼品快递		礼品店、快递公司
11	代理房屋租赁转让		中介公司
12	代办健身俱乐部入会手续		健身俱乐部

1.4.4　特约服务管理

特约服务是指物业公司为客户提供的非标准化的专项服务，主要为个别客户提供服务，是对代办服务的完善与补充，如接送小孩、为住户打扫室内卫生服务。特约服务不是简单的提供额外服务，而是服务品质的提升，让业主和住户真正感到物有所值。

（1）特约服务的要求

为了给客户提供更好的特约服务，物业公司需要注意以下管理要求。

◆ 特约服务工作应在物业经理的直接管理下进行，客户服务中心主管负责日常的特约服务工作，由客户服务中心具体实施。

◆ 在每年年底时，由物业经理组织客户服务中心的员工对年度特约服务的开展情况进行总结，并商讨下一年度特约服务的开展计划。

◆ 物业经理应在每半年检查一次特约服务工作的开展情况，并总结工作经验，强调物业公司的服务宗旨。

◆ 开展特约服务应量力而行，根据地点、时间以及人物有计划、有过程地进行。

- ◆ 特约服务应按照维持经营、收支平衡与略有盈余的原则制订收费标准，切忌乱收费、乱涨价。
- ◆ 积极争取政府职能部门的指导和帮助，协调好与相关部门的关系，建立起有效的服务网络。

（2）特约服务的项目策划

由于特约服务属于个性服务，要满足客户千差万别的需求，所以该服务项目具有不稳定、不持久的特点。物业经理在选择特约服务项目时，应考虑所在地区、人群和不同时期的实际情况，寻找比较集中、稳定且可以有效开展的项目。

通常情况下，特约服务的项目都属于有偿服务，容易出现费用纠纷，所以物业经理在策划时需要考虑项目的难易程度，逐项开展。其中，客户服务中心常见的特约服务项目见表1-3。

表1-3 常见的特约服务项目表

序 号	项目内容	责任部门	协作单位
1	委托代管房屋服务	客户服务中心	无
2	委托照看老人、孩子、病人服务	客户服务中心	无
3	委托文秘及其他相关商务服务	客户服务中心	无

1.4.5 维修服务管理

通常情况下，物业公司还会为客户提供维修服务，物业客户服务中心应对维修接待、派工下单、维修作业以及意外情况处理等做出详细要求，物业客户服务中心主管应该督促客户服务人员做好客户的维修服务工作，以便能及时解决客户的维修事宜。

首先，物业客户服务中心应制订维修服务质量标准，让客户服务人员依照标准执行维修服务，见表1-4。

表1-4 维修服务质量标准

序号	内容	服务标准	备注
1	上楼时间	接到维修安排后,及时与用户约定好维修时间,准时按预约时间到达目的地	维修及时率要求达到99%,若暂时没有合适的维修人员前往维修,应及时向客户解释,再约定时间
2	维修服务时间	通常不超过8小时,复杂的维修状况最多不应超过72小时	服务效率满意率要求达到98%,若超出上述时间,应及时向客户说明原因
3	服务态度	热情、谦虚,统一着装,文明用语,规范服务	服务态度满意率要求达到99%
4	维修材料	应向客户提供合格的维修材料,不能使用劣质产品	出示材料合格证书
5	维修工作满意率	应达到90%	对不满意的10%,物业客户服务中心应尽快组织二次维修,使客户满意
6	水槽、洗脸盆漏水	应达到最初的标准,经反复测试后不漏水,使服务对象满意	维修时间不超过1小时
7	水槽、洗脸盆堵塞	达到畅通,对切口处的修补应尽量恢复原样	维修时间不超过2小时
8	浴缸堵塞及漏水	达到畅通,对切口处的修补尽量恢复原样,经反复测试后达到畅通、不漏水	维修时间不超过2小时
9	疏通马桶	使之相当畅通,即使往马桶里扔少许纸巾也不影响畅通性	严重堵塞除外,如马桶内掉进梳子、洗发水瓶等,维修时间不超过2小时
10	疏通地漏	使之相当畅通,并对切口恢复原样,清出异物并清理干净	维修时间不超过1小时
11	维修墙内水管	摸准管路,打墙时尽量少破坏瓷片,维修后应将外观恢复原样,工完场清	维修时间不超过2小时

续上表

序号	内容	服务标准	备注
12	接头漏水	达到紧固、密封与不滴水	维修时间不超过1小时
13	楼上水漏到楼下	找到漏水原因,以达到处理好不漏水为标准,并将墙地面的污染处清理干净	维修时间不超过4小时
14	马桶漏水	以不漏水为标准,若需拆除马桶安装,应恢复原样	维修时间不超过2小时
15	水龙头漏水	维修后应达到原来标准,密闭、开关自如	维修时间不超过30分钟
16	房屋没水	使之通水,应在1小时内解决住户用水问题(市政停水除外)	阀门、滤网、高位水箱等都可能造成客户家中断水
17	房屋停电	以恢复室内正常用电为标准,在维修完毕后应尽量保持原状	维修时间不超过2小时,情况复杂的不超过24小时
18	灯出现故障	达到原来照明标准,严格验证客户提供的物料	维修时间不超过30分钟
19	门铃不响	以达到清脆悦耳为标准	维修时间不超过30分钟
20	电器维修	使电器能达到正常使用,保持原有外观,测试效果使客户满意	维修时间不超过2小时,情况复杂的不超过72小时
21	插座不通电	维修后使用方便、安全,并把故障原因告诉住户	维修时间不超过2小时,比较复杂的不超过24小时
22	门锁维修	应按客户要求安装,并反复测试后使用灵活,开关自如,紧闭性好	木门不超过30分钟,铁门不超过2小时
23	门窗维修	维修后使之能开关灵活自如,密封性能良好	维修时间不超过2小时,玻璃维修不超过24小时

想要开展维修工作,第一步是了解客户报修的项目,物业客户服务中心应在该过程中收集准确资料,明确告知客户该项服务是无偿服务还是有

偿服务。如果是有偿服务，则应说明收费标准，供客户确认是否选择维修。

客户服务中心接到客户的报修申请后，应在客户请修流程单上填写客户的请修信息，并及时将其传送给工程部，工程部主管会指定相应的负责人，该负责人补充客户请修流程单中的相关内容，见表1-5。如果需要上门维修，维修人员应提前与客户沟通好上门服务的时间，也方便客户为维修项目做好准备。

实用范本　　　　　表1-5　客户请修流程单

编号：			填表日期：			
客户服务中心填写	客户姓名		维修地址		联系电话	
	预约时间		预约费用	￥：	含材料费：□是 □否	
	维修内容					
工程部填写	派工人		维修材料	数量	单价	小计
	作业人员					
	到达维修处的时间					
	完工时间					
客户填写	维修评价	质量	□满意	□一般	□较差	
		及时	□满意	□一般	□较差	
		收费	□满意	□一般	□较差	
	付款方式	金额：　　　元　　□现金　　□签单 收据单号：　　　　　（号码由客户服务中心填写） 兹同意管理处在本人银行账户中托付维修费。 客户签名：　　　　　　日期：				
收款人：				财务：		

第 2 章
物业客户服务沟通技能掌握

物业客户服务中心运用有效的沟通技巧，积极的进行交流，能够使优质的服务得到落实，提升客户满意度，减少物业管理中的纠纷与投诉，使物业管理朝着健康有序的方向发展。

2.1 物业人员需进行有效沟通

物业客户服务中心想要更好地开展日常物业管理工作，良好的沟通必不可少。特别是客户服务人员，应充分意识到沟通的重要性，并在沟通的过程中发现问题，及时反馈与解决。

2.1.1 进行有效沟通的障碍

沟通是人与人之间思想、情感的传递和反馈的过程。在沟通中要准确恰当地将信息传递给沟通对象，这样才能保证沟通的有效性。但很多客户服务人员并不理解沟通的重要性，从而使沟通过程中出现较多不可预测的障碍。

常见的沟通障碍主要来自三方面，即传送方的问题、接收方的问题及传送通道的问题。

➤ 传送方

信息的传送方是信息的来源，在充分了解接收方的情况下，应选择合适的沟通渠道传送信息，以方便接收方理解。

传送方存在的沟通障碍主要有用词错误、词不达意、咬文嚼字、过于啰唆、不善言辞、口齿不清，以及只要求别人听自己的、沟通的态度不端正等。另外，对接收方的反应也不敏感，甚至直接忽略。

➤ 接收方

接收方是指获得信息的人，即将信息转化为自己所能理解的想法和感受，该过程会受到多方面因素的影响，如接受者的经验、知识、才能、素质以及对信息传送方的期望。

接收方存在的沟通障碍主要有先入为主、听不清楚、选择性倾听（只听感兴趣的内容）、个人偏见、情绪不好、没有注意言外之意等。

➤ 沟通通道

沟通通道是信息得以传送的载体，分为正式和非正式的沟通通道以及向下、向上、水平的沟通通道。存在的沟通障碍主要有经过他人的传递产生误解、环境选择不合适、沟通时机错误、有人破坏或挑衅等。

2.1.2 倾听是有效的沟通技能

从心理学的角度来看，每个人的内心深处都渴望得到他人的尊重。倾听是一项技巧、一种修养，学会倾听应该成为物业客户服务人员必不可少的素质之一。

倾听对物业客户服务人员至关重要，当客户清楚自己谈话的对象是一个倾听者，而不是一个指挥人员时，往往会毫不隐瞒地提出想法、分享情感。这样才能使物业客户服务人员与客户建立良好的关系，从而帮助客户及时解决问题，而不是相互指责、推卸责任，引来客户的投诉与纠纷。那么，物业客户服务人员如何利用倾听这项技能呢？见表2-1。

表 2-1　各种倾听技巧的适用情况

倾听技巧	适用情况
主动倾听	倾听是极具耐心的工作，物业客户服务人员想成为有效的倾听者，就需要主动倾听。如果不愿意去倾听和理解，就无法提升倾听效果
目光接触	物业客户服务人员与客户沟通时，可通过目光接触来集中注意力，避免出现分神的情况，同时还能达到鼓励客户积极说话的目的
表现兴趣	通过非言语信号表现兴趣，如与客户眼神接触时，通过肯定点头或展现出柔和的面部表情等，来表示自己正在专心倾听
不要打断表述	物业客户服务人员在回答前，应先让客户将自己的想法表达完毕，不要试图揣摩客户的想法
避免分神	物业客户服务人员切忌表现出分神，即客户讲述时不要看手表、翻动文件或玩弄其他物品等，否则客户会认为你觉得他讲述的内容无趣或无意义
整体把握	针对客户的表述，要像阅读书面内容那样去感觉与分析，若只是简单地听字词而忽视了其他内容或非语言信息，容易遗漏部分细微信息
表现理解	物业客户服务人员要学会换位思考，理解客户的想法，切忌将自己的要求和意志强行往客户身上转移

续上表

倾听技巧	适用情况
认真提问	对听到的内容进行分析并提问，从而证实自己完全理解客户表述的内容，并向客户表明自己正在倾听
整合内容	倾听客户讲述时，需同步对内容进行整合，从而更好地理解客户的想法
不要讲太多	安静、耐心地倾听，不要着急表达自己的想法

2.1.3 掌握沟通中的反馈技巧

对于一个完整、有效的沟通而言，只是通过表达与倾听两个环节是完全不够的，还必须要有反馈，即信息的接收方在接收信息后，及时地回应信息发送方，以便澄清"表达"和"倾听"过程中可能的误解和遗漏。

反馈是沟通的一种形式，沟通从本质上来说就是传递信息，物业客户服务人员通过各种方式，无时无刻不在向客户传达着信息。反馈分为正面反馈与负面反馈，正面反馈通常会很顺利并受到欢迎，负面反馈则大不相同。通常情况，物业客户服务人员都不喜欢传递负面的消息，他们担心客户出现抵触情绪，却又必须去处理这种情绪，结果物业客户服务人员往往会刻意避免、推迟或歪曲负面反馈。

也就是说，正面反馈比负面反馈更容易被接受，传递的信息也更加准确，而负面反馈常常遭到抵触。从表面上来看，人们更喜欢听好消息抵触坏消息，而正面反馈恰好符合好消息的属性。

那么，这是不是意味着物业客户服务人员应该避免负面反馈？当然不是，物业客户服务人员应该注意到这些潜在的抵触性，试着选择更容易接受负面反馈的环境来实施这种反馈。物业客户服务人员想要给予最有效的反馈，需要做到以下几点。

> 反馈的特定性

反馈是特定而非全面的，切忌说"您不配合我们工作""我们不愿意再为您服务""有问题自己想办法"等类似言语。此类言语反馈的信息比较模糊不清，无法直接告知客户改进他们的沟通态度，也没有明确自己到底依据什么来判断客户的态度不好，这样就会激起客户的抵触，甚至使情况变得更加恶劣。

> 反馈的描述性

通常情况下，反馈应具有描述性，而非判断性和评估性。不管客户服务人员当前带有哪种情绪，都应该将反馈放在工作上，不能因为某些客户的不适宜行为而进行人身攻击。指责客户的一些言语及行为常常会带来负面效果，从而引发更多的负面情绪。因此，当物业客户服务人员想要指出客户的不当行为时，需要围绕与工作有关的行为进行沟通，而不是针对客户个人。

> 反馈的目标性

不要为了推卸责任而试图进行负面反馈。如果必须向客户传达一些负面情况，首先应确定该反馈是直接针对客户需要解决的问题，主要是为了帮助客户。如果是为了推卸责任或摆脱客户的纠缠，那么无须再进行反馈，因为这种反馈会降低整个客户服务中心的可信度，降低以后反馈的意义和影响。

> 反馈的时机性

反馈越及时效果越好，越具有意义。例如，自来水公司通知第二天要停水，此时物业客户服务人员需要在停水前通知到所有客户，让其提前做好储水准备，如果在停水后再通知，则效果大打折扣，还会引来部分客户的不满。当然，反馈信息前还需要做足准备，客户可能会询问具体的停水时间、停水原因或者来水时间等。

> 反馈的理解性

每一位优秀的物业客户服务人员在与客户进行沟通时，都能让客户理解自己所要传达的信息。想要获得有效的反馈，就需要让接收方理解反馈的内容。与倾听技巧类似，最好让接收方复述反馈内容，从而确定他已经理解了你所要表达的意思。

一种高效的服务沟通文化,在形成过程中主要依赖于群体长久的努力。反馈作为沟通的一种形式,其目的不仅仅是为了向客户传递信息,更深层次的目的在于说服或者激励客户主动沟通,因为一个好的反馈不仅能帮助客户解决问题,还能使他主动发现问题。

2.2 客户服务中常见的沟通技巧

沟通是一种信息的交换过程,物业客户服务人员运用有效的沟通技巧,主动积极地进行沟通交流,使客户获得更优质的服务,提升客户的满意度,减少物业管理中的纠纷与投诉。

2.2.1 沟通的分类及要点

沟通是在两个及以上的人之间信息交流的过程,为了让客户真正理解自己的意思,客户服务人员必须不断完善自己的沟通技巧,掌握沟通的分类及要点,从而熟练运用各种沟通技巧。

（1）按组织系统分类

按照组织系统不同,可以将沟通分为正式沟通和非正式沟通,两者的优缺点和适用情况见表2-2。

表2-2 正式沟通与非正式沟通的优缺点及适用情况

沟通方式	概述	优点	缺点	适用情况
正式沟通	按照组织规定的沟通渠道进行信息的传递和交换。如文件通知、定期会议、工作汇报及函件	约束力强,正式严肃,沟通效果好,部分内容具有法律效力等	沟通速度慢、刻板。因传递道的影响,可能导致信息失真和扭曲等	用于重要的沟通和决策
非正式沟通	以非正式组织系统或个人为渠道的信息沟通,如私聊、拉家常及节假日问候	沟通速度快,形式多样,畅所欲言,沟通压力小等	难以控制,信息可能存在失真,甚至成为谣言	用于了解他人情况,成员之间的交流等

（2）按沟通方式分类

按照沟通方式不同，可以将沟通分为四大类型，分别是网络媒介沟通、非语言沟通、口头沟通和书面沟通。

➤ 网络媒介沟通

网络媒介沟通是指通过语言、文字、图片、图像、表格以及数字等形式，借助网络渠道进行信息沟通，主要借助于电子邮件、电话、视频软件、传真机、微信群等媒介工具。

事实上，网络媒介沟通越来越被重视，在语言沟通的同时，伴随一些网络媒介沟通会获得更好地沟通效果。

➤ 非语言沟通

非语言沟通是指通过动作、表情、语调、手势等行为来传达信息的沟通方式，最常见的非语言沟通有身体姿态、手势、语气语调、空间距离等。非语言沟通主要包含三种方式，如图2-1所示。

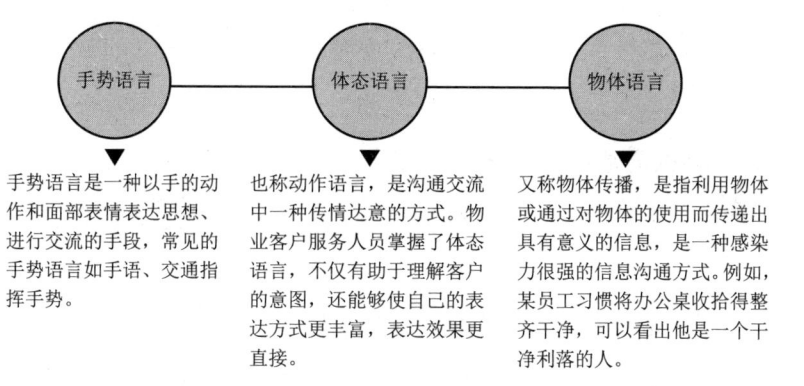

手势语言	体态语言	物体语言
手势语言是一种以手的动作和面部表情表达思想、进行交流的手段，常见的手势语言如手语、交通指挥手势。	也称动作语言，是沟通交流中一种传情达意的方式。物业客户服务人员掌握了体态语言，不仅有助于理解客户的意图，还能够使自己的表达方式更丰富，表达效果更直接。	又称物体传播，是指利用物体或通过对物体的使用而传递出具有意义的信息，是一种感染力很强的信息沟通方式。例如，某员工习惯将办公桌收拾得整齐干净，可以看出他是一个干净利落的人。

图2-1 非语言沟通的3种方式

➤ 口头沟通

口头沟通就是运用口头表达所进行的信息沟通，是最常见的交流方式，如谈话、演讲、小组讨论。其中，口头沟通具有信息传播快、沟通灵活、反馈及时等优点。当然，口头沟通也存在容易忘记沟通内容、容易成为谣言、信息失真现象明显等缺点，不适合重大信息决策的传播。

> 书面沟通

书面沟通是用书面形式进行的信息沟通，如报告、信件、公告栏、期刊以及传单。书面沟通的优点是有证据、可长期保存、描述详细、有逻辑性和条理性；缺点有耗费较多、缺乏反馈、影响沟通效果等。

（3）按沟通方向分类

按沟通方向的不同，可将沟通分为垂直沟通和水平沟通。

垂直沟通。它分为上行沟通和下行沟通，主要用于上下级之间的沟通。通常情况下，下行沟通的速度快于上行沟通，因为下行沟通多属于上级将信息传达给下级，而上行沟通多属于下级将信息传递给上级，上级通常会延误，特别是涉及费用支出的情况。垂直沟通的优点是沟通速度快，信息传递准确；缺点是多层次传递信息时，速度较慢，可能会出现越级沟通和隐瞒事实的情况。

水平沟通。它也称为横向沟通，是平等主体之间的沟通。水平沟通的优点是沟通主体之间彼此平等，沟通顺畅；缺点是容易产生矛盾和冲突，难以控制局势。

（4）按沟通是否反馈分类

按照信息沟通是否反馈进行分类，可以分为单向沟通和双向沟通两种。

> 单向沟通

单向沟通是指信息发送方和接收方的位置不变，无论在语言上还是在表情动作上，进行单一方向的交流，不存在反馈信息，常见的单向沟通有传达命令、视频授课、广播演讲与报告等。单向沟通的优点是信息传递速度快、意见统一以及时间易于控制等，缺点是信息没有反馈、观点片面等。

> 双向沟通

双向沟通是指信息发送方与接收方的位置不断变化，发送方以协商、讨论或征求意见的方式面对接收方，接收方接收到信息后，又要以发送方的身份反馈信息，直到沟通完成。也就是说，在双方沟通中，发送方与接收方的位置互换多次，直到双方共同明确为止，常见的双向沟通有座谈会、讨论会、互动会等。

双向沟通的优点是各方参与度高、反馈有结果，缺点是很难形成统一观点、需花费较多时间和精力等。

2.2.2 常用的沟通方式

客户是物业客户服务中心的服务对象，也是物业公司的最终消费者，想要让客户获得满意的服务效果，物业客户服务人员不仅需要了解客户，还需要掌握客户的沟通方式，与客户拉近距离、促进交流以及达成共识，从而提升客户的满意度，取得客户对物业管理工作的理解与支持。

与客户的沟通方式主要分为三种，分别是日常性沟通、针对性沟通与节假日沟通。

➢ 日常性沟通

物业管理作为服务性行业，以服务广大客户为首要工作，而日常沟通就显得格外重要，直接反映了物业客户服务人员的基本素质，并展现了物业公司的整体管理水平。对于大部分客户而言，进行日常沟通基本可以达到互相了解、解决问题的目的。日常沟通也存在多种方式，如图2-2所示。

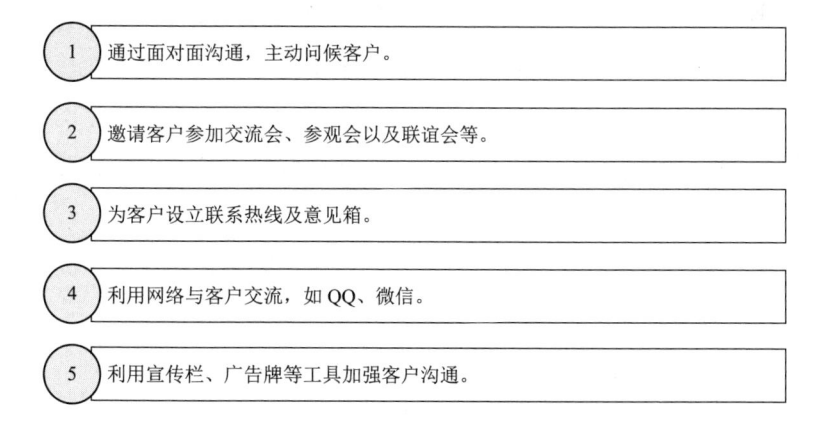

1	通过面对面沟通，主动问候客户。
2	邀请客户参加交流会、参观会以及联谊会等。
3	为客户设立联系热线及意见箱。
4	利用网络与客户交流，如QQ、微信。
5	利用宣传栏、广告牌等工具加强客户沟通。

图2-2 日常沟通的方式

> 针对性沟通

物业客户服务中心对客户采取针对性沟通，能够有效地建立良好的客户关系，维护企业的良好形象。针对物业管理区域内发生的特殊情况，仅仅通过日常性沟通是不够的，需要管理人员亲自登门拜访，进行面对面的交谈，才能获得更好的沟通效果。

> 节假日沟通

逢年过节时，物业客户服务中心可以用条幅标语、贺信等方式表达对客户的祝福；也可以在客户生日时送上生日贺卡、新婚时送上一束鲜花。这些可以增加客户对物业公司的信任感和亲切感，从而拉近彼此之间的距离感。

另外，物业客户服务中心可以在节假日举办一些社区活动、晚会等，如定期召开业主专题座谈会、联谊活动等，增加客户之间的了解，提升沟通的有效性。逢盛大节日，如春节、中秋节、端午节，物业公司应用心布置小区，以营造节日气氛。同时，通过这些活动，物业客户服务中心可以了解广大客户的需求，并进行有效反馈。

2.2.3 与客户的基本沟通技巧

物业客户服务人员与客户的矛盾会严重影响到物业公司的管理，所以运用合理的方式化解矛盾，是每个物业客户服务人员必备的工作技能。而与客户进行沟通，可以达到信息交流与思想互动的目的，通过"沟通"这座桥梁，双方可以了解到对方的想法、立场和观点，从而做到相互理解、相互信任。

因此，为了取得良好的沟通效果，物业客户服务人员应该掌握沟通的基本技巧。

> 记住客户姓名

在与客户进行沟通时，物业客户服务人员应尽量记住客户名字，若在后面的工作中与该客户碰面，能礼貌地呼出对方的姓名，这会让客户感到非常愉快，来看看下面的例子。

实操范例 尊重客户从记住姓名开始

某科技园内入驻了多家公司，其物业管理费收缴情况参差不齐，其中有一家公司长时间拖缴物业管理费，物业客户服务中心主任核实后发现以下情况。

20××年3月，该公司的负责人李先生前往物业客户服务中心缴纳本年度物业费，当时的客户服务人员小刘接待了李先生，不过小刘张冠李戴，叫错了李先生的名字。李先生立刻就拉下了脸，然后转头就走了，此后一直拖欠物业管理费。

物业客户服务中心主任吸取经验教训，组织整理出科技园所有公司及业主的资料，并要求物业客户服务中心的所有员工记住这些资料，特别是公司法人及业主的姓名。后来，物业客户服务人员碰到各类客户，都能主动打招呼并叫出对方的名字，得到了很多客户的好评，连连称赞物业公司的管理到位。

对于服务行业而言，常常会说"服务至上""以人为本"等口号，其本质就是对客户要尊重。而记住客户名字就是最基本的尊重，满足客户的心理需求就能拉近彼此的距离，让客户对物业工作感到满意。

> 运用情感沟通

想要提高客户的满意度，离不开物业客户服务中心和客户之间良好的情感沟通。运用情感沟通可以确切了解和掌握客户的真情实感，从而达到事半功倍的沟通效果，来看看下面的例子。

实操范例 运用情感沟通解决纠纷

某小区业主在业主群中提出了"环境关系你我他，齐抓美好靠大家"的口号，倡议小区多层业主积极行动起来，维护环境、讲文明、守规则，让家门口清洁起来，让楼道环境美化起来。

于是，物业公司和居委会、业主委员会组织了一场座谈会，为了提升小区的生活环境，决定对多层楼道进行整治与装饰。然后由物业客户服务中心牵头，居委会、业委会参加，分别召开各楼栋全体居民会议并签订同意书。于是，各楼栋开始整治与装饰，楼道更新换貌。

业主们正在感受整治后的新环境时，出现了突发事件。某位业主陈女士的儿子患有先天性哮喘病，在犯病期间闻到了油漆味及其他刺激性味道，导致病情加重，于是陈女士大发雷霆，对物业客户服务中心进行了投诉。

同时，使用铁器将多个楼道的墙面刮花，将公共区域的盆景摔破，提出许多无理要求，如高额经济补偿、公开道歉，并扬言不达到目的，决不善罢甘休。陈女士的种种行为引起了公愤，其他业主纷纷要求业主委员会召开业主代表大会对其进行批评、教育。居委会与社区民警也表示该事件影响恶劣，要对其作出严肃处理。

不过，物业公司管理层始终认为，业主是物业公司的衣食父母，陈女士只要认错，愿意改正即可，处罚只是手段不是目的。同时，客户服务中心主任为了避免出现更严重的纠纷，向上级申请了一笔特殊费用，让陈女士带着儿子暂住酒店。

物业管理的目的是营造一个环境幽雅、温馨的居住地，最后物业客户服务中心主任耐心与陈女士进行沟通，运用情感晓之以理，动之以情，陈女士听到后也感到惭愧，并同意赔偿相应损失。

创建社区文明需要相关方及全体业主的共同参与，如果因此遇到纠纷或投诉，物业客户服务中心应予以人性化、亲情化的管理，通过情感沟通讲事实、讲道理，耐心细心地做好业主的思想工作，从而换取业主的信任。

> 尊重对方的习惯

物业客户服务人员在与客户沟通时，首先应尊重客户的习惯，熟悉不同国家、地域、民族的习俗等相关常识，这会让客户感到亲切与温馨，从而理解和接受物业管理工作。

例如，针对年轻的女性，最好称呼为"女士""小姐"等，切忌称呼为"大姐""太太"等。如果客户服务人员不注意民风、礼仪等方面的细节问题，很可能引来客户的不满或投诉。

> 不轻易向客户承诺

在沟通过程中，如果客户提出的要求属于马上可以办到且不占用过多资源的，物业客户管理人员请示上级后可以当场许诺；如果该要求值得考虑，在没有经过核实确认的情况下不要轻易向客户承诺，应暂时延缓时间，以后再做答复；如果客户的要求根本无法办到，则应该当场婉拒，并向客户解释清楚，争取获得对方理解。

在没有经过核实确认的情况下，不要轻易向投诉者承诺一定予以解决或者几个工作日内解决，避免因无法实现引起投诉者不满。

轻易答应客户的各种请求，虽然会暂时获得客户的好评，但因为无法兑现自己的许诺，到头来只会引起客户更大的不满甚至投诉，从而损害物业公司的形象。

2.2.4　实践中的沟通技巧

在实际的物业管理工作中，物业客户服务人员往往会遇到各类突发问题。不同客户提出的不同问题，需要使用不同的沟通技巧去化解。

（1）换位思考法

换位思考是设身处地为他人着想、理解至上的一种处理人际关系的思考方式。从客观上来说，换位思考要求物业客户服务人员将内心世界与客户联系起来，如思维方式、情感体验，就是与客户的角色对换，把客户当自己，把自己当成客户，站在客户的角度看待与思考问题，体会客户的感受与难处，避免产生错误的直觉和判断力，影响到当前所发生的事情。

其中，提倡换位思考主要包括两个方面，如图 2-3 所示。

① 要求物业客户服务人员和善对待客户，对于客户的需求应先了解清楚再根据情况合理处理，切忌出现语言不礼貌、态度恶劣等情况。例如，维修人员在面对不懂维修的客户时，应主动为其介绍维修知识，帮助他们做出正确的维修判断，避免发生冲突，用换位思考的观点去处理问题。

② 现在很多物业公司都建立了物业管理网站，物业客户服务人员可以定期登录网站了解情况，主动积极与客户交流看法、听取建议和意见，掌握客户的动态，为进行"换位"工作打下良好基础。

图 2-3　物业管理中换位思考法的两个方面

实操范例 换位思考化解矛盾

在某小区中，开发商为了保持整个小区的美观性，在物业公司进场时与其约定，每家每户都不能安装防盗窗来封闭阳台，但开发商与业主的售房合同中并未对该条款进行明确。因此，业主在封闭自家阳台时，遭到了物业公司的阻拦，从而迁怒于物业公司，甚至多个业主联合起来拒缴物业管理费。

物业公司在面对此纠纷时，并没有采取与业主对抗的做法，而是站在业主的角度去思考问题，尽可能了解业主的想法与需求。通过走访及实地调研分析得出，该小区所处的位置风沙较大，不封闭阳台，不仅会给业主的生活带来不便，甚至存在安全隐患，而开发商在意的只是小区的美观度。

因此，物业公司认为应该从实际出发，考虑业主居住环境的舒适性，通过与开发商的多次协商，从而达成共识，在统一材料、统一样式的情况下，允许业主封闭阳台。而业主也考虑到小区的美观度，同意了开发商的要求。

在物业管理实践中，换位思考可以化解各类矛盾，更好地帮助物业客户服务人员开展服务工作，持续改进服务水平，提高客户的满意度。

（2）委曲求全法

在遇到不讲道理的客户时，物业客户服务人员需要表现出宽容、大度的姿态，切忌针锋相对，而应和颜悦色、轻声细语。

物业客户服务人员为客户提供服务，不可避免地会遇到无理取闹的客户，如果无法承受委屈，则容易与客户形成不和谐的关系，这不利于物业公司的长期发展。因此，为了维护物业公司形象，在客户心中留下良好印象，物业客户服务人员应掌握委曲求全的沟通技巧，以获取业主的信任与满意。

（3）以退为进法

以退为进是指以退让的姿态作为进取的阶梯，以获得更大的进展，退是一种表面现象，在形式上采取了退让，让客户能从退让中得到心理满足，从而放松戒备，也愿意满足对方的某些要求。

针锋相对并不是解决问题的好办法，而适当的退让，表现为先让一步，等客户冷静下来，更有利于沟通，然后争取主动。当然，想要运用"以退为进"的沟通技巧来进行沟通，需要物业客户服务人员具备相应的耐心和信心。

（4）说服教育法

物业客户服务人员需要提升自身的能力，然后将物业管理的有关法律、法规、政策向客户进行宣传、教育和说服，说服教育法是物业管理中比较常用的方法，但很多时候因物业客户服务人员的沟通能力，使用该方法无法获得较好的效果，呈现出说教现象。

实操范例 通过说服教育法治理乱贴广告的现象

乱贴广告被称为城市的"牛皮癣"，这种现象已经蔓延到城市的大街小巷，某物业管理优秀示范小区也未能幸免。

最近，物业客户服务中心接到多起投诉电话，声称楼道、大门等位置总会粘贴各类广告，且不易清除。于是，物业客户服务中心安排员工清查。

通过物业客户服务人员半个月的巡查发现，小区内的广告派发主要分三种情况：一是以探亲访友的名义进入小区，而乘机贴发广告；二是经过批准进入小区，为住户提供服务的人员顺便贴发广告，如暖气维修人员、厕所疏通人员；三是小区内的住户，但从事特定生意行业，需要贴发广告。

随后，物业客户服务人员通过楼内粘贴广告上的联系方式，联系上了广告粘贴人员，指出其错误行为并向其宣传相关的法律法规，督促其按照规定宣传广告，如租用小区内的广告牌。如果某些人员或单位不听劝阻，继续乱派发广告，则直接将其列入小区"黑名单"，严格限制其在小区内的经营活动，直至其配合物业管理工作为止。

从上面的例子可以看出，物业客户服务中心选择了说服教育法来解决该问题，也就是对乱张贴广告的人员进行说服教育，对说服教育后不愿配合的人员，将其列入"黑名单"。通过讲法律、讲政策的方法，来说服他人配合相关物业管理工作。

（5）多管齐下法

多管齐下是指一件事从多个方面同时进行或多种方法同时使用，也就是说物业管理中单凭一己之力很难解决问题，如果将多方力量汇聚到一起，问题就会迎刃而解。

在物业公司遇到难题时，光靠物业客户服务人员并不能解决与客户之间的纠纷，需要借助业主委员会、街道社区以及政府主管部门等第三方力量，共同配合、协助与沟通，积极解决问题。相对于第三方而言，物业公司和客户与其没有直接的利益关系，所以更容易客观的看待与解决问题。在物业管理实践中，多管齐下法不仅只是借助第三方力量解决问题，更是指灵活运用外部力量，如安排与客户熟悉的物业人员前去沟通。

2.3 回访提升服务质量

物业客户服务中心想要做好物业管理服务工作，应加强与客户之间的联系，及时为客户排忧解难。同时，不断总结物业管理的经验教训，改进管理水平，提供服务质量，经常开展回访工作。对客户的回访是物业客户服务中心众多事务中一项重要的工作，通过回访工作能够及时了解客户的思想和意见，以便更好地改善服务，从而提升公司的形象。

2.3.1 投诉回访的要求

物业投诉回访是物业管理中的重要组成部分，物业客户服务人员应正确对待客户的投诉，将其当作是客户对物业公司的信任，从而认识到工作的不足，提高服务质量和管理水平。

投诉回访是加强与客户交流沟通的有效途径，千万不能认为物业投诉是客户故意找物业公司的麻烦。因此，物业客户服务人员应正确看待投诉，保持一份良好的心态对待客户的投诉并落实处理。

在进行投诉回访时，为了不影响客户的正常生活，通常会采用电话回访的方式，也可采取与客户交谈、现场查看等方式综合进行。另外，投诉回访最好安排专业的客户服务人员负责，不定期进行。投诉回访有以下要求。

- ◆ 投诉回访时，物业客户服务人员应虚心听取客户意见，诚恳接受批评，采纳合理化建议，做好回访记录并指定专人负责保管。
- ◆ 投诉回访中，如果物业客户服务人员不能当即回答客户提出的问题，应告知其回复的时间。
- ◆ 投诉回访后，对客户反馈的意见、要求或建议应及时整理，尽快作出反映并妥善解决，重大问题应向上级请示后解决，做到件件有着落、事事有回音，而投诉回访处理率应达到100%，投诉率力争控制在1%以下。
- ◆ 接到客户投诉，首先向客户表示歉意和感谢，并做好登记。对于重大的投诉，物业客户服务中心负责人应组织相关人员向客户进行检讨和说明，及时落实解决措施与解决期限。
- ◆ 物业客户服务人员对投诉必须做到100%回访，必要时进行多次回访，直至客户满意为止。

为了规范物业客户服务人员的回访工作，物业客户服务中心应编制回访规范，如下所示。

实用范本 回访规范

一、回访要求

1. 回访时，虚心听取意见，诚恳接受批评，采纳合理化建议，做好回访记录。

2. 回访中，对住户的询问、意见，如不能当即答复的，应告知预约回复时间。

3. 回访后对业主反馈的意见、要求、建议、投诉，要及时逐条整理、综合、研究、妥善解决，重大问题向公司请示解决。

二、回访时间及形式

1. 每年登门回访 1~2 次。

2. 有针对性地对住户发放"住户调查问卷"，做专题调查，听取意见。

上述范本中分两部分对回访规范进行书写，分别是回访要求、回访时间及形式，结构比较简单明了。同时，按回访时、回访中、回访后的顺序依次对物业客户服务人员的回访行为做出规范，是比较实用的模板。

2.3.2 维修工作回访的要求

秉持对客户负责，也为了考核维修质量及维修服务人员的工作态度，维修工作完成后，物业客户服务中心应做好维修回访工作。维修回访工作可以亲自上门拜访、实地查看，也可以通过电话与客户沟通确认。

➢ 维修回访的内容

①安排专人实地查看维修项目。

②向客户了解维修人员服务情况。

③向客户征询改进意见。

④向客户核对收费情况。

⑤出示回访确认单，并请被回访人签字。

➢ 维修回访的原则

①小故障、急故障应当时或当天处理，若同时出现了多个紧急的故障

报修，需要如实向客户反馈，协商检查及解决的时间。

②一般故障报修，应该当天回复，3天内解决。

③重大故障报修，应3天内回复，7～15天内解决。

维修完成后，如果当时看不出维修效果或可能再出现故障，物业客户服务人员应多次回访；如果维修效果很明显，则可以进行一次性回访。

> 维修回访语言规范

无论物业客户服务人员以哪种方式进行回访，用语都应规范，态度应温和，表达应清晰。以下是常见回访用语，物业客户服务人员可以灵活运用。

"××先生/女士，您好！我是××物业公司的客户服务人员，给您来电是为做了一个回访工作，想咨询您一下，您昨天进行了热水器故障报修，我们的维修人员也在昨天下午完成了维修，请问您的热水器现在使用还正常吗？"

"您好，我是××物业公司物业客户服务中心的员工，今日来进行维修回访，请问您对××维修工程师的维修服务质量是否满意呢？"

"××先生/女士，您家里厨房的水龙头现在还漏水吗？我公司维修人员的态度您满意吗？"

"××先生/女士，您昨日通过电话反馈有关维修人员乱收费的情况，今日已经有调查和处理结果，您什么时候方便，麻烦来一趟物业客户服务中心，我们就该问题沟通一下。"

> 维修回访的时间要求

通常情况下，回访时间安排在维修后的一星期内比较合适，常见的维修回访时间安排如下所示。

①危害客户生命财产安全，如天花板墙皮脱落、墙裂缝严重、灯罩松动、橱柜倾斜、电器漏电问题，应马上进行处理。处理后，应在一周内回访一次，视情节轻重，可采取连续回访。

②室内墙角、天花板等处渗水，物业客户服务中心在接到客户通知后，应立即前往现场查明原因，在两日内给出结果并处理，维修后第二日进行回访。如果是下雨天导致的渗水，则应该在下次下雨时进行回访。

③管道堵塞或漏水，应当日进行处理，第二日回访。

④家电出现问题，应当天进行检查，如果只是小故障，如接触不良、电源短路，处理后第二日回访一次。

⑤客户家里网络较差，应立即联系运营商，两日内解决问题，次日回访一次。

⑥室内墙体裂缝，在没有危及生命或影响正常生活的情况下，可与施工单位联系，三天内给予解决，五天后回访第一次，一个月后回访第二次。

2.3.3 走访、回访的要求

物业客户服务中心想要做好客户服务管理，走访、回访是必不可少的工作，而只有掌握好走访、回访的方法与技巧，才能取得良好效果。走访、回访的一般流程和要求如下所示。

- **制订走访计划**：首先，客户服务中心应制订走访计划，物业客户服务人员根据走访计划进行走访，从而达到100%走访覆盖率。

- **提前与客户预约**：物业客户服务人员根据走访计划提前预约客户，然后明确走访时间、走访内容和走访目的。

- **入户前准备**：物业客户服务人员应携带鞋套，并检查走访所需材料是否准备齐全，整理好仪容仪表。

- **入户前要求**：入户按门铃或敲门，行为应文明得体。客户开门后，物业客户服务人员应先问好，然后表明自己的身份，并与客户确认来访目的，经客户允许后进入室内。

- **入户后要求**：客户让座后方可落座，并向客户致谢。然后根据走访内容、走访目的等，与客户展开友好交流，物业客户服务人员应注意沟通技巧，把握沟通节奏，并做好记录，便于后期对沟通记录进行整理。

- **访谈后要求**：完成走访工作后，物业客户服务人员应立即离开，不要过久地打扰客户，离开前向客户致谢，并感谢客户配合工作。另外，出门后向客户道别，并主动帮其关闭入户门，动作应轻柔得体，不可产生较大声音。

- ◆ **客户沟通记录**：物业客户服务人员在结束每家住户走访后，应做好走访记录，如填写客户沟通记录表，记录内容包括客户信息、沟通内容以及客户诉求等。同时，对客户的意见或建议进行分类，填写客户投诉意见、建议处理台账，包括客户信息、受理时间、投诉内容、受理责任人等信息。若是存在产生投诉情况，还应填写客户投诉处理记录表。

- ◆ **客户走访要求**：分析客户投诉处理记录表的内容，将分析结果反馈至相关部门来解决客户的投诉，完成后对客户进行回访，了解客户满意度，做好回访记录，直到客户满意才能关闭该事项。回访完毕后，完善客户投诉意见、建议处理台账中回访内容的各项信息。

2.3.4 做好回访、走访记录工作

在回访、走访过程中，涉及很多需要记录的内容，物业客户服务人员要做好相关记录。回访、走访的目的是解决客户存在的问题，了解客户当前的需求，所以记录与表格不仅可以明晰责任，还能方便之后进行统计分析，以寻求最佳解决措施，提升工作效率。表2-3和表2-4分别为客户回访记录表和客户走访记录表。

实用范本　　　　表2-3　客户回访记录表

_____物业公司					日期：____年___月___日	
地址		姓名		联系电话		□业主 □租户
回访 情况				客户签名： 日　　期：		
客户 意见				客户签名： 日　　期：		
备注：该记录表保存期限为3年。						

实用范本 表 2-4　客户走访记录表

＿＿＿＿＿＿物业公司	日期：＿＿年＿＿月＿＿日
被走访客户姓名：	联系电话：
被走访客户详细地址：	
客户反映情况	客户签字： 日　　期：
处理意见	负责人签字： 日　　期：

2.4　合理应对物业投诉

在物业管理中，难免会遇到客户投诉，这直接反映出物业管理与服务过程中存在问题。投诉处理是非常严谨且极具技巧性的工作，只有快速、及时与合理的处理客户投诉，才能赢得客户的高度信赖，并提高公司形象。

2.4.1　正确认识各类投诉

物业投诉是指客户认为由于物业服务工作中的失职、失误等原因，损害到了他们的利益，或者其提出的合理需求没有得到满足，然后通过各种方式向物业公司反映的行为，投诉的方式主要包括来访、来电以及来函等。合理处理物业投诉，是物业客户服务中心日常管理与服务工作的一项重要任务，也是与客户直接交流与沟通的最佳方式。投诉的类型有以下几种。

> 设备设施方面的投诉

由于对房屋毗连及其附属配套的共用设施设备的维修、养护、运行和管理不到位引起的投诉，主要内容见表2-5。

表2-5 设备设施方面的投诉内容

投诉类别	举 例
设备设施设计不合理或质量不满意	①电梯轿厢狭窄，没有货梯，客货混用 ②房屋漏水，墙体破裂，地板不平等
设备运行情况不满意	①暖气供热不够 ②电梯经常停运维修 ③经常停水、停电或停气等

出现设备设施方面的投诉，主要是因为客户所购买或使用的物业设施与住户期望有差距。客户支付了相应的物业管理费，希望设施设备能够处于最佳使用状态，但物业在设计设备设施时，无法考虑到所有客户的需求，设备设施的质量也可能存在问题，所以容易出现设备实施方面的投诉。

> 物业服务方面的投诉

由于物业公司提供的服务不到位引起的投诉，主要内容见表2-6。

表2-6 物业服务方面的投诉内容

投诉类别	应满足条件（未达到将引起投诉）
保障	住户的财产和人身安全能够得到切实保障
态度	物业客户服务人员仪表仪态端庄得体、讲话热情、和蔼等
完整	物业服务项目完善齐全，能满足不同层次客户的需求
环境	办公和居住环境安静优美、文明和谐等
方便	服务时间和地点方便，有便利的配套服务项目，如服务中心、停车场、非机动车车棚
时间	明确的服务时间，以及时效性等

客户对物业服务质量的期望值来源于日常得到正常服务的感受和物业公司做出的服务承诺，当客户对物业服务的评估低于期望值时，就会对物业公司感到不满，严重时就会做出投诉行为。

> 突发事件方面的投诉

突发事件投诉主要是因停水、停电、停气、电梯故障、溢水或被盗等事故而造成的偶然性投诉，因事件本身比较重大，给客户的生活或工作带来较多不便，引起客户的强烈不满而产生的投诉。

> 收费方面的投诉

收费方面的投诉主要来自各种分摊费和特约维修费，如水、电、气、清洁、绿化以及公共设备抢修分摊费用，或者更换水龙头、换马桶、换灯、换锁等特约维修费用。

2.4.2 投诉处理程序

客户投诉的方式主要分为现场投诉、来函投诉、来电投诉和其他投诉四种情况。物业公司应设置投诉渠道，如采用以下方式设置投诉渠道。

①在"业户手册"、物业区域明显位置标识物业客户服务中心的详细地址、联系电话、客户投诉热线电话、客户投诉邮箱地址等。

②物业客户服务中心设置 24 小时值班人员，持续受理客户投诉。

不管是哪种投诉，投诉处理的流程通常分为受理、处理和回复三个环节。

（1）业户投诉受理

①开通投诉渠道，由物业客户服务中心前台人员负责受理。

②前台接待员详细记录投诉人的信息，如投诉人姓名、联系电话、投诉内容、房屋号，并填写投诉受理登记表。

③前台接待员应耐心听取业户投诉，切忌找理由推卸责任。

④如果能当场处理客户的投诉，则应立即解决；若不能立即处理，则应记下投诉人的相关信息，以便及时反馈结果。

⑤沟通结束后，应感谢客户指出物业服务的不足之处以及提出的建议，并将该事件及时提交给上级主管或其他部门审批。

⑥如果客户对物业公司员工进行投诉，则应安排专人对该事件进行核

实，然后将核实结果汇报给上级主管，有请上级主管给予处理。

(2) 投诉处理流程

①如果是物业管理方面的原因引起的投诉，前台接待员应主动承担责任并表示歉意，安抚好客户的情绪；如果是法律法规或物业公司有关规定引起的投诉，前台接待员应耐心向客户解释，尽量让客户满意并消除误解。

②前台接待员接受客户意见、投诉后，应在24小时内向客户反馈处理情况，跟踪处理过程并保持与客户沟通，做好安抚工作。

③前台接待员在详细了解事件经过的基础上，对投诉类别进行确认，在客户投诉处理登记表上填写确认意见，然后按不同投诉类别将资料提交给物业客户服务中心主管。其中，不同投诉类别主要分为三种情况，即轻微投诉（物业服务不到位）、重要投诉（房屋质量问题）、重大投诉（集体投诉）。

④物业客户服务中心主管负责填写投诉处理登记表中的"投诉内容"，准确、详细地描述事件内容及客户要求，并将客户投诉处理登记表转至责任部门，由其组织专人进行处理。

⑤投诉处理应按照物业公司对客户的服务承诺及时完成，处理人在投诉处理单上签字确认，然后进行投诉处理的内部评价。

(3) 投诉处理的回访

①物业客户服务人员负责客户投诉处理的回访。

②物业客户服务中心主管负责重大客户投诉处理的回访。

③客户投诉的回访方式主要有三种，分别是电话回访、上门回访以及其他方式回访。其中，重点投诉必须上门回访。

④多位客户共同投诉的问题，物业经理或物业客户服务中心主管应召集相关人员组织座谈会，并公布处理结果。

⑤物业客户服务中心主管每月应完成三次以上的客户投诉处理的回访工作，物业经理每月应完成一次以上客户投诉处理的回访工作。

⑥在回访的过程中，如果发现投诉者对问题处理结果不满意，物业客户服务中心应及时安排人员处理，直至业户满意。

2.4.3 投诉接待与处理技巧

凡因物业服务工作不当，造成损失及不良影响、有损物业客户服务中心外在形象，并引起客户不满而向物业客户服务中心反映的行为，均视为投诉。接待与处理投诉是物业服务的重要组成部分，也是提高物业服务质量的重要途径。在接待与处理住户投诉时，物业客户服务人员需要掌握以下技巧。

- ◆ 耐心听取并记录客户的投诉，不当面反驳客户的意见。
- ◆ 对客户的遭遇表示歉意，让客户心理得以平衡。
- ◆ 对客户的投诉提出处理意见，尽量满足客户的合理要求。
- ◆ 对客户提出的意见、建议表示感谢。
- ◆ 及时跟进相关部门对客户投诉的处理进度。
- ◆ 获得投诉处理结果后，及时将其反馈给住户。

在物业服务过程中，可能会面临诸多投诉，如果物业客户服务人员不能及时有效地处理客户投诉，则容易使客户对物业公司的管理能力产生怀疑，所以物业公司应规范客户投诉处理制度，如下所示为范本。

实用范本 住户投诉处理制度

一、用户投诉的接收

1. 凡用户对公司服务方面的投诉，不论采取何种方式，如信函、电话、传真或来人面谈，由物业客户服务中心前台接待员集中登记、组织处理、向客户反馈处理结果。

2. 物业客户服务中心建立客户投诉登记表，对每份投诉或意见均予以记录。记录的内容包括客户名称、投诉文件的编号、投诉性质或内容摘要、处理结果等。

3. 物业客户服务中心亲自或指定人员根据住户投诉或意见，填写客户投诉处理通知单。为了便于跟踪、检索，每份客户投诉处理通知单应进行编号，并与客户投诉登记表中的编号以及对客户投诉或意见原件所作的编号保持一致。

二、用户意见的处理

1. 物业服务中心将用户投诉处理通知单与用户投诉或意见原件组合进行处理。

①由有关部门负责做出补救措施。

②做出补救措施时，还应采取纠正措施，在预定时间内完成。

2. 对重大问题的投诉，管理处不能处理且需统一协调的问题，直接报经理，由经理做出处理决定。

3. 对于采取纠正措施的问题，应在用户投诉处理通知单中记录，以便跟踪检索。

从上述住户投诉处理制度中可以看出，投诉处理主要包括投诉的接收和用户意见的处理两部分，内容简单明了。若物业客户服务中心想要详细的编写投诉处理制度，还可以添加投诉的受理流程、处理原则、处理流程、提出解决处理以及跟踪解决情况等内容。

物业管理

第 3 章
灵活运用物业文件进行沟通

物业管理实践中，物业公司与客户之间的矛盾不仅会影响到管理工作，也会影响到预定目标的实现。因此，运用合理的方式与巧妙的技巧化解矛盾，是物业公司重点关注的内容，而物业文件则可以帮助物业公司与客户之间消除误会与隔阂，提升沟通效率与客户满意度。

3.1 实施客户满意度调查

为了加强物业客户服务中心与客户之间的沟通与联系,物业客户服务中心应进行客户满意度调查。客户满意度调查是物业客户服务中心必须要做的一项工作,以主动获取客户的意见与建议,从而解决遇到的问题,努力满足客户的需求,并在此基础上持续改进物业服务水平,将矛盾或投诉提前消除。

3.1.1 确定调查内容

客户满意度调查分别从工作人员的仪表和服务态度、设备设施的维护情况、管理服务情况、信息及政策的处理情况、收费情况、房屋舒适情况等方面进行,来了解客户对物业服务工作的满意度及建议,详情见表3-1。

表3-1 客户满意度调查的内容

调查内容	详　情
工作人员的仪表仪态和服务态度	①物业客户服务人员的仪表仪态及服务态度 ②维修人员的仪表仪态及服务态度 ③安保人员的仪表仪态及服务态度 ④保洁及绿化人员的仪表仪态及服务态度
设备设施的维护情况	①电梯、机电设备的维护情况 ②供水、供电等公用设备的维护情况 ③物业墙体的维护情况 ④公共娱乐设备的维护情况
管理服务情况	①安全方面的管理服务情况 ②环境方面的管理服务情况 ③社区文化方面的管理服务情况
信息及政策的处理情况	①客户投诉意见处理及时性以及对处理结果的满意度 ②停水、停电、停气等信息的提前通知情况 ③社区政策的具体落实情况

续上表

调查内容	详　情
收费情况	①物业管理费收取情况 ②客户对小区物业管理的收费标准评价情况
房屋舒适情况	①客户对住宅设计的满意情况 ②客户对房屋工程质量的满意情况

3.1.2　发布调查通知

在进行客户满意度调查之前，物业客户服务中心应发布调查通知，将其张贴在物业的公告栏中，便于客户及时了解并提前对调查工作做好准备，下面来看一个范本。

实用范本　满意度调查通知

尊敬的业主：

你们好！

为了让大家拥有一个良好的居住环境，提高物业管理服务的质量，我们将在近期进行一次客户满意度调查工作。

被调查的对象为小区所有业主和住户。

满意度调查表发放时间为××年××月××日（星期×）。届时，由物业客户服务中心的工作人员将调查表依次送到业主和住户家中，未在家的业主或住户也可以扫描二维码进行网上下载并填写表格，填写完毕请发送至电子邮箱××××@163.com，如有疑问请拨打电话物业客户服务电话×××-××××××××进行咨询，本次满意度调查的有效时间为15个工作日。

感谢大家对我们工作的积极配合！

××物业管理有限公司

××年××月××日

3.1.3 设计调查问卷

物业管理中,对客户进行满意度调查的方式有很多,如调查问卷、上门调查等。实际管理中,调查问卷是广泛采用的调查方式,即由物业客户服务中心根据调查目的(客户所关心的事项)设计问卷调查表,然后发放给客户,客户填写完成后进行回收,从而收集与统计客户对物业管理的意见和建议,如下所示为范本。

实用范本 客户满意度调查问卷

尊敬的客户:

您好!

为了不断提高物业管理的服务质量,我们非常希望了解您对物业管理中各项服务的真实感受,请您在百忙之中填写这份调查问卷,并提出宝贵的意见和建议,请在您认为合适的选项中划"√"。

您的参与将有助于我们发现管理服务工作中的问题,这将是对我们工作的最大支持。

客户姓名:_____ 客户房号:_____ 联系电话:_____

一、综合管理服务类

1. 您对现在所住小区的物业是否满意?

□非常满意　□比较满意　□不满意　□非常不满意

2. 您觉得物业公司还需要在哪些方面改善?

□物业人员统一着装、行为规范与服务热情。

□物业对公共设施、小区整体绿化、室内保洁以及垃圾处理的维护。

□安全防范,对外来人员、小商小贩或闲杂人员的检查。

□小区内机动车辆违章停放。

□对业主擅自违法改动房屋结构的干预和阻止。

其他:_____

3. 您对小区物业人员统一着装、佩戴标志、行为规范与服务热情方面是否满意？

☐非常满意　☐比较满意　☐不满意　☐非常不满意

4. 您知道我们设有24小时服务投诉电话吗？

☐知道　☐不知道

5. 对物业服务中心24小时服务电话和人员值班情况是否满意？

☐非常满意　☐比较满意　☐不满意　☐非常不满意

6. 您对投诉处理是否满意？

☐非常满意　☐比较满意　☐不满意　☐非常不满意

7. 我们物业每年进行一次住户调查，您认为频次是否合理？

☐合理　☐不合理

8. 您认为目前所住小区的物业费合理吗？

☐偏高　☐合理　☐偏低

二、室内保洁服务类

1. 您对保洁服务人员的工作态度是否满意？

☐非常满意　☐比较满意　☐不满意　☐非常不满意

2. 您对小区楼道的卫生是否满意？

☐非常满意　☐比较满意　☐不满意　☐非常不满意

3. 您对小区道路的卫生是否满意？

☐非常满意　☐比较满意　☐不满意　☐非常不满意

三、秩序维护服务类

1. 您对小区严格控制外来车辆、外来人员、小商小贩以及闲杂人员入内是否满意？

☐非常满意　☐比较满意　☐不满意　☐非常不满意

2. 您对小区保安夜间巡逻频次、线路是否满意？

☐非常满意　☐比较满意　☐不满意　☐非常不满意

3. 您对小区车辆停放秩序是否满意？

☐非常满意　☐比较满意　☐不满意　☐非常不满意

四、室外卫生及绿化的服务水平

1. 您对小区的整体绿化是否满意？

☐非常满意　☐比较满意　☐不满意　☐非常不满意

2. 对您小区绿化带上的卫生是否满意？

☐非常满意　☐比较满意　☐不满意　☐非常不满意

3. 您对小区绿化的修剪是否满意？

☐非常满意　☐比较满意　☐不满意　☐非常不满意

五、维修服务类

1. 您对目前维修服务工作总体评价？

☐非常满意　☐比较满意　☐不满意　☐非常不满意

2. 您对物业维修服务人员的服务态度是否满意？

☐非常满意　☐比较满意　☐不满意　☐非常不满意

3. 您对物业维修服务人员上门维修的及时率是否满意？

☐非常满意　☐比较满意　☐不满意　☐非常不满意

4. 您对小区内公共设施设备的维修保养工作是否满意？

☐非常满意　☐比较满意　☐不满意　☐非常不满意

六、其他

1. 您对物业公司有什么建议？

具体建议：_____

2. 您对物业公司有什么要求？

具体要求：_____

再次感谢您的支持与配合！

住户签名：

____年____月____日

3.1.4 撰写调查报告

问卷调查的最后一个环节就是撰写问卷调查报告，这也是问卷调查的重要环节。物业客户服务中心在调查完成后，应对所有调查问卷进行统计分析，将客户的建议和意见依次罗列出来，最终形成总结报告，并将其写入下阶段的工作计划中予以改进。

通常情况下，调查报告主要分为两部分，即标题和正文。

（1）标题部分

标题部分主要有两种格式，即规范化格式和自由格式。其中，标准格式基本是"××关于×××的调查报告"；自由格式中又存在3种情况，分别是陈述式、正副标题式或提问式。

（2）正文部分

正文部分主要包括三方面的内容，即前言、主体和结尾。每个部分的作用是不同的。

- ◆ **前言：**前言中可以明确调查背景、调查目的、调查方式、调查内容、调查人员等内容，特殊情况还可以加上对调查者的感谢，为下一步的工作打下基础。

- ◆ **主体：**主体是调查报告的中心，主要详细说明调查研究的情况、经验以及分析结果，可以包括对分析结果的客观认识、表述观点和基本结论。在主体内容的陈述上，语言要精练，表达要准确，分析要实际。

- ◆ **结尾：**结尾的写法不固定，可以对问题提出解决方法，对下一步工作的客观分析；也可以是对前面的内容进行全面综合的总结，进一步深化主题；又或者根据本次的调查情况提出问题，引起所有人员深思。

下面来看客户满意度调查分析报告范本。

实用范本 客户满意度调查分析报告

一、调查背景

按照既定工作计划，进行客户满意度调查，掌握并分析物业公司本年度的服务工作情况。

二、调查目的

1. 获取客户积极的建议与合理的投诉，解决客户的需求问题。

2. 提升物业管理服务质量，提高客户满意度。

三、调查方式

1. 上门回访。

2. 问卷调查。

3. 日常沟通。

4. 电话访问。

四、调查内容

1. 物业管理服务印象。

2. 管理人员服务态度。

3. 物业维修服务。

4. 公共设施设备。

5. 公共秩序维护。

6. 保洁、绿化。

五、调查分析

（一）调查情况：调查问卷发放____份，实际回收____份，可用调查问卷____份。

（二）评估方法：①满意；②基本满意；③一般；④不满意；⑤非常不满意。

（三）调查满意率情况：①综合管理服务类为89%；②维修服务类为76%；③保洁服务类为78%；④秩序维护类调查为74%；⑤绿化类调查为79%。

六、其他问题及建议

1. 小区停车问题：地面停车混乱、地下停车位收费过高等。

2. 小区内楼道卫生良好，需持续提高。

3. 小区保安问题：门岗形同虚设、出入管理混乱、夜间巡逻不到位等。

4. 需提高问题的解决效率。

5. 需进一步完善绿化。

6. 加紧处理公共走廊墙砖脱落的问题。

7. 加强物业的监控力度。

七、调查总结

从本次的调查结果显示，客户对物业管理服务具有较高的满意度，对软件服务的评价也要高于硬件服务。其中，客户提出的小区停车、楼道卫生、小区安保、解决问题效率、完善绿化等问题，物业客户服务中心也将尽快进行解决并给予客户满意答复，这也将进一步提升客户对物业管理服务总体的印象及满意度。

经过客户服务中心与客户的沟通、回访等可知，大部分客户对我们本年度的工作持有肯定态度，但在细节沟通及主动关心等问题上还需提高，这也是大部分客户比较关注的问题。

从上面的例子可以看出调查报告的结构形式，通常根据具体内容和表达的需要来决定。千万不要出现只调查不改进的情况，这会让客户觉得物业公司只会搞形式主义，从而失去信心。

3.2　各类常规物业文件的写作详解

物业管理服务属于一种无形产品，被服务对象很难直观感知到，所以不清楚物业客户服务人员到底为自己提供了哪些服务。例如，设备维护、花草修剪、安保巡逻等。甚至部分客户还会认为物业管理收费过高，可以取消物业公司。

因此，在物业管理实践工作中，物业客户服务中心要善于运用通知、通告、启示、提示等文件，来将物业服务的事项告知客户。

3.2.1 通知的写作要求与范本

通知属于行政性公文的日常公告，也是使用最多的一种公告形式，如停水停电、物业管理费缴纳、办理各类手续、公共设备设施升级、清洗空调及抽油烟机等。

（1）需客户理解工作的通知

针对停水停电、清洗公共区域、升级改造公共设施、公共区域消杀等工作，物业客户服务中心应提前发布通知，以让客户理解我们的工作，撰写时要注意以下几点。

- ◆ 在标题中标明主题内容，从而直接引起客户的注意。
- ◆ 在正文中详细描述原因、起止时间、注意事项以及热线电话等，如果存在比较重要的事项，可以使用特殊字体及颜色进行标注。
- ◆ 由于此类通知中的事项可能会给客户带来不便，所以需要在通知中提前向客户表示歉意，通常可以表述为"由此给您带来的不便，敬请谅解！"

如下所示为小区停水停电通知范本。

实用范本 小区停水停电通知

尊敬的客户：

您好！

按××市供电公司工作要求，需要定期对小区的供电设施、设备线路进行检修，届时小区将停止供水、供电，本次检修时间为××年××月×× 日 10:00 至 18:00。

各位客户请勿在停电前半小时及送电后半小时内乘坐电梯，并提前做好相关停水、停电准备。如果停水期间家中无人，请您在外出时关闭室内供水阀门，从而避免造成不必要损失。

由此给您带来的不便，敬请谅解！

物业客服电话：×××-××××××××

××物业管理有限公司

××年××月××日

（2）需客户协助工作的通知

在物业管理服务中，部分事务需要客户协助才能完成，如办理各类手续、物业管理费缴纳、房屋出租登记等。因此，在发布此类通知时需要注意突出内容，重要部分通过调整字体、颜色来突出显示，以最直观的方式展示给客户。同时，应对客户的协助表示感谢，如"感谢您对我们工作的理解与支持！"如下所示为物业收费通知范本。

实用范本 物业收费通知

尊敬的客户：

您好！

物业客户服务中心感谢您入住××小区，感谢您一直以来对物业公司的支持！我们将倾尽所能为您提供一流服务，让您在这里健康快乐的生活！

物业管理服务工作的正常开展离不开物业管理费的支持，××小区物业客户服务中心将于××年××月××日起开始收缴××年年度物业管理服务费（此次缴纳的物业管理服务费周期为××年××月××日至××年××月××日），为了全体住户共同的利益，请您到客服中心缴纳。

具体安排如下：

1. 收费时间：周一至周六 9:30—18:00

2. 收费地点：物业客户服务中心

3. 收费人员：物业客户服务人员

4. 咨询电话：×××-××××××××

感谢您对我们工作的理解与支持！

××物业管理有限公司物业客户服务中心

××年××月××日

从前面两个例子可以看出，物业客户服务中心在编写通知时应注意文字简洁、易读，避免过多修饰，开篇就进入主题，将传达的信息表述清楚即可。

> **知识扩展** *编写通知的注意事项*
>
> 物业客户服务中心在编写通知时，主要注意以下几个问题。
>
> ◆ **明确行文目的**：为何写？内容是什么？怎么写？
> ◆ **范围与对象**：针对什么问题？解决什么问题？
> ◆ **措施**：提出的措施具有可行性，不可泛泛而谈。
> ◆ **内容要求**：结构严谨，层次清晰。

3.2.2 通告的写作要求与范本

通告是物业客户服务中心向客户发布的较为特殊的公告，偏向于对客户的某些行为进行管理，适用于公布社会各个有关方面应当遵守或者周知的事项，包括禁止业主实施某些行为，如禁止践踏草坪、禁止破坏公共设施、禁止高空抛物。通告主要分为两种类型，分别是制约性通告与知照性通告，如图3-1所示。

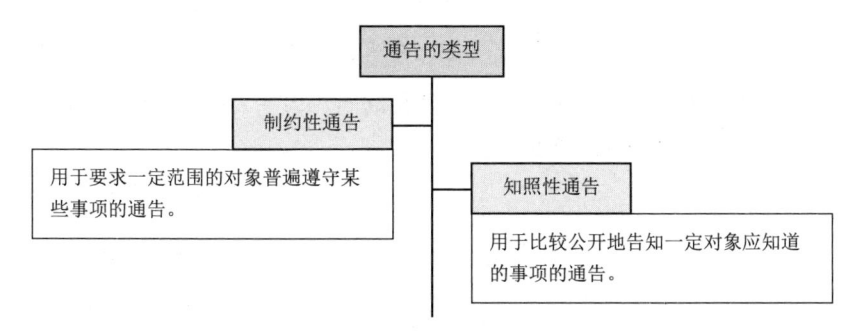

```
              通告的类型
             /         \
       制约性通告     知照性通告
       用于要求一定    用于比较公开地告
       范围的对象普    知一定对象应知道
       遍遵守某些事    的事项的通告。
       项的通告。
```

图3-1 通告的两种类型

通告的格式与写法也有两种，具体如下所示。

◆ 由发文单位名称、事由和文种组成。

◆ 只写发文单位名称和文种，或者只写"通告"两个字。

如下所示为关于车辆违规停放和关于高空抛物的通告。

实用范本 关于车辆违规停放的通告

尊敬的客户：

您好！

为引导大家文明规范停车，创造良好停车秩序，给您及他人提供停车便利，物业客户服务中心特提示广大车友朋友们规范、安全停车，应注意以下事项：

1.请不要冲闯出入口岗，不要占用他人固定停车位，临时停放车辆请您将车辆停靠在临时停车位上。

2.请不要在非停车位区域停车，如车库出入口、公共通道以及消防通道位置。

3.请您将车辆按照车位停放整齐，骑线、压线等停车行为，属于一车占两位，致使他人车辆无法停靠，直接侵犯到他人利益。

4.如您发现有车辆阻碍通行，或其他违规停车现象，请您及时与客户服务中心取得联系，我们将尽快联系该业主移车。

5.车辆停靠完毕请及时关好门窗，离开后锁好车门，以防物品丢失。

让我们携起手来，从我做起、从现在做起，倡导文明停车、规范停车，拒绝违停，共同创建和谐的社区。

×××物业服务有限公司

物业客户服务中心

××年××月××日

实用范本 关于高空抛物的通告

尊敬的客户：

您好！感谢您百忙之中抽出时间来阅读这份通告！

中国有五千年的文明史，素有"礼仪之邦"之称。可是，在我们小区中却有个别人的行为，让其他人觉得不能接受，受到大家的指责，因为你损害了大家的权益，你缺乏社会"公德心"。

近期，小区仍有部分客户从楼上扔下带火星的烟头、脏物、酒瓶及剩菜剩饭等，物业客户服务中心经常发出温馨提示禁止住户高空抛物，但收效甚微，高空抛物的行为屡禁不止，高空抛物的住户不仅受到其他住户的道德谴责，还应承担相应的法律后果。这不仅对小区环境造成污染，更带来过血淋淋的沉痛教训。

从以往的经验教训中分析，出现高空抛物的原因主要有以下几点：

一、高空抛物的住户文明道德素质低下、缺乏社会公德。

二、高空抛物的住户自私自利，只为方便自己，而忽略他人安危。

三、高空抛物的住户法律意识淡薄，存在侥幸心理。

为了您及他人的人身安全，建立一个安全、文明、和谐的社区环境，物业客户服务中心倡议全体员工和小区客户共同向"高空抛物"宣战。为此，我们倡议：

一、从我做起，以身作则，树立文明道德精神，不随意扔垃圾、杂物，将垃圾分类后放入垃圾桶内，烟头熄灭后再扔到垃圾桶内，养成良好的生活习惯。

二、及时清理自家阳台、门窗、空调外机等室外悬挂物，经常检查窗户、空调支架等是否牢固，防止高空坠物。

三、请客户加强对高空抛物行为的相互监督力度，提醒身边人员拒绝高空抛物。

四、物业客户服务中心应加大对周边人群的影响与宣传，形成人人严肃重视高空抛物的行为，让高空抛物的住户受到道德谴责和法律惩罚。

"小区是我家，生活环境靠大家"，请各位客户献出一点爱心，踊跃制止高空抛物行为，积极行动起来，同心协力、互相监督，共同建设和谐的社区环境，感谢您的支持与配合！

××物业管理有限责任公司
物业客户服务中心
××年××月××日

从上面两个范本中可以看出，物业客户服务中心在拟订通告文稿时，应表达出管理措施的强制性，从文字内容上引起客户的关注，从而达到预期的效果。

3.2.3 启事的写作要求与范本

与其他类型的公告比较，启事类公告涉及的内容相对较少，常见有的失物招领启事、寻物启事等，其具体格式如下。

➢ 标题

启事的标题可以有两种构成格式：第一种是由文种名称和缘由构成，如寻物启事；第二种是由文种名和具体物名构成，如寻狗启事、寻钥匙启事。

➢ 正文

启事的正文通常由以下三项内容构成，如图3-2所示。

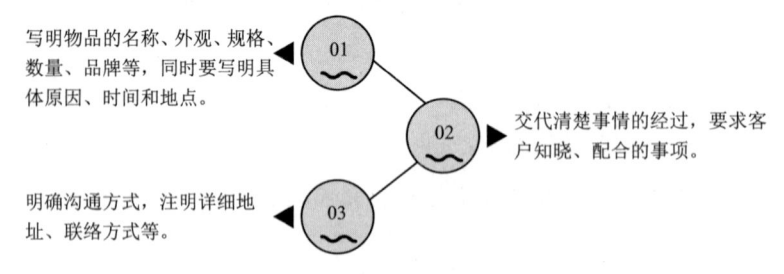

- 01 写明物品的名称、外观、规格、数量、品牌等，同时要写明具体原因、时间和地点。
- 02 交代清楚事情的经过，要求客户知晓、配合的事项。
- 03 明确沟通方式，注明详细地址、联络方式等。

图3-2 启事的正文内容

> 落款

落款要署上物业公司的名称，并署上发文的日期。

下面来看一个例子。

实用范本 小区失物招领启事

尊敬的客户：

您好！

我司物业巡逻人员于××年××月××日晚上10点左右，在××二期儿童游乐园处（即5～6栋之间）拾到一个背包，颜色为黑色，品牌为××，样式为双肩包。

如有以上物品遗失的客户，请到物业客户服务中心前台咨询，确认您遗失的物品后，请凭您的有效证件在物业客户服务中心登记领取。

×××物业管理有限责任公司

物业客户服务中心

××年××月××日

由上面这个例子可知，物业客户服务中心在拟订启事时，应注意标明时间、地点及所要招领的物品的特征信息，如颜色、品牌、样式，同时一定要注明联系方式。

3.2.4 提示的写作要求与范本

物业客户服务中心发布提示类的公告，通常用于对特殊天气、节假日、公共设施使用等安全提示，例如，春节期间燃放烟火容易导致火灾或炸伤他人。

物业客户服务中心需要提前关注相关单位发布的通知，并将其以提示的方式转达给客户，提醒客户做好防范准备。

通常情况下，提示的内容与客户的利益密切相关，目的在于公开向客户告知、提醒某事，并希望客户配合与支持，比较人性化，不包含强制性要求。下面来看一个范本。

实用范本 关于春节期间的温馨提示

尊敬的各位客户：

你们好！

春节将至，全体物业人员恭祝大家新年快乐，万事如意！

为了大家能过一个安全、温馨和舒适的节日，我公司在加强各小区出入口控制和日常巡逻的同时提醒各位客户：

1. 如果需要外出，请注意关好门窗以及水、电、气的开关，避免自来水泄漏或发生火灾。

2. 家里无人时，保管好家里的贵重物品，不要将大额现金留存在家中，以免发生失窃。

3. 请将车辆停放在指定位置，并确认车门车窗已完全锁住，以免造成经济损失；如果长时间外出，而车辆停放在小区内，请及时告之物业客户服务中心。

4. 节假日期间，请不要随意给陌生人开门，以防出现意外。

5. 春季来临，风沙较大，请将自家阳台上摆放的物品移至安全地方，以避免高空坠落。

6. 请楼上住户不要将物品向楼下丢弃，避免伤及楼下行人、车辆及影响小区的卫生状况。

7. 根据街道派出所的要求，小区的商铺在节日期间如要歇业，请营业结束后不要将贵重物品放置在店面中，以防失窃。

8. 请照看好自己的小孩，不要在泳池边玩耍及在小区内燃放烟花爆竹，预防溺水及火灾事件的发生。

9. 物业公司保安部将增加保安巡视力度，加派夜间保安巡视人员，组织应急事件演习，提高保安员的反应速度。

10.如您发现可疑人员或遇突发情况时，请及时通过户内对讲与中控联系或拨打中控室电话×××-××××××××，街道派出所电话×××-××××××××。

××物业管理有限责任公司

物业客户服务中心

××年××月××日

进行提示拟稿时，通常是将提示的标题拟为"温馨提示"。在明确提示内容的前提下，语气应偏于温和，让收到提示的客户感受到物业客户服务中心的关怀及服务的真诚，从而可以更好地配合物业管理工作。

物业管理

第4章
业主遭受损害的纠纷处理

　　生活在同一个社区，住户与物业公司属于长期共存、互相依赖的关系，但往往也会产生业主遭受损害的纠纷。这类纠纷涉及众多业主，他们可能因共同利益联合起来或者效仿，处理不当将直接影响小区稳定，给物业客户服务人员带来较大压力。

4.1 物业维修纠纷

客户向物业公司缴纳物业管理费，物业公司应当履行自己的职责并向客户提供相应的服务，其中就包括物业维修问题。

物业维修纠纷属于民事纠纷的一种，一旦由于维修问题发生纠纷，物业公司应尽量采取协商的方式来处理。对于物业公司而言，不管是否是自己的过错导致的维修纠纷，都不得采取极端的方式来处理，如断水、断电。

4.1.1 业主违反合法协议自封阳台

典型实例

某小区定位为品质型住宅，于20××年年中陆续交付。某物业公司与该小区开发商签订了前期物业服务合同，并进行了备案登记，对该小区提供物业管理服务。

业主陈先生以260余万元购买了一套120余平方米的套三住宅，位于18层，靠近中庭。20××年年中交房后，陈先生决定在装修房屋时，同时将6米宽的阳台封上。

不过，在他把封阳台的材料运进小区时，物业公司进行了询问并告知其阳台不能封。陈先生不解，认为阳台不是公摊区域，是个人的专属区域，不需要由物业公司来决定是否可以封闭。多次沟通无果后，陈先生决定不再理会物业公司的意见，于20××年10月封装了阳台，陈先生也是该小区首位封阳台的业主。

20××年12月，物业公司将陈先生告上法庭，要求陈先生立即拆除已封闭的阳台并恢复原状。物业公司提出，根据业主购房时签订的小区临时管理规约，业主在物业使用中不得随意封闭阳台。而陈先生入住后，以阳台雨天经常积水、房屋紧临马路噪声大、灰尘多，不利于防盗等原因，对其阳台进行了封闭，陈先生的这种行为有违诚实信用原则。

通过审判后，法院支持物业公司的诉讼请求，认为陈先生的行为妨碍了物业公司的服务和管理，违反了小区临时管理规约，最终判决陈先生在15日之内拆除违规封闭的阳台并恢复原貌。

实例解析

许多小区的物业公司都有规定，业主不能随意封闭阳台，因为阳台是以半面积计入产权面积，业主只拥有自家阳台的产权。阳台的内侧外墙面属于外立面，外立面归全体业主所有（属于公摊面积）。

在本例中，陈先生封闭阳台明显侵占了公共区域，侵占了其他业主的权利，所以法院会判决陈先生拆除其在公共区域的装置。另外，陈先生在自愿签订小区临时管理规约后又擅自封阳台，物业公司只能劝告而不能强行拆除。如果属于违章建筑需要强行拆除，也只能由专门的行政主管部门来处理，不然就只能要求陈先生自行拆除。

知识看板

物业公司不同意业主私自封闭阳台，除了考虑小区整体美观度、小区物业保值外，更重要的是考虑到安全性。通常情况下，小区阳台在规划设计以及建设初期，就承担了消防救生功能，一旦被人为封闭，存在极大的安全隐患。

现在很多业主希望将阳台封闭，想要将其变成私密空间，但发生火灾、地震等灾难或其他紧急情况，封闭后的阳台就失去了原本的消防救生功能，给业主的生命安全带来严重威胁。同时，业主与物业公司签订的相关协议中有明确约定，业主无权封闭阳台。该阳台原设计为不封闭，如果擅自封闭就等于改变原阳台的规划和设计，会损害其他业主的合法权益。未办理相关许可，相关部门也不会允许封闭阳台。

虽然大多数物业公司不支持业主擅自封闭阳台，但如果业主入住后发现存在较多不方便，必须要封闭阳台时，则可以向业主委员会提出，同意后变更原有的合同条款，然后到区房管局办理装修批准书，明确注明要封闭阳台，装修时就可以对阳台进行处理。如果小区还没有成立业主委员会，则可以发起 20% 以上的业主形成动议，超过 2/3 以上业主同意，也可以封闭阳台。

4.1.2 清楚界定房屋维修责任

典型实例

吴女士购买了一套二手房，可搬进去几天后发现，卫生间与厨房的墙体出现了裂缝，阳台的窗户出现变形无法锁上。

于是，吴小姐找到物业客户服务中心，希望其安排维修人员进行处理。不过，物业客户服务中心明确表示，可以为吴小姐提供帮助并安排人员前去维修，但吴女士需要承担相应维修费用，因为这部分维修不属于公共设施维护。虽然吴小姐心存疑虑，但还是接受了物业客户服务中心的解释，并同意自己支付维修费用。

实例解析

在本例中，吴女士从前业主手中购买的房屋，前业主已经居住过，属于二手房。而国家规定的住房保修期针对的是房地产开发建设新建的商品房，二手房已经超过了国家规定的保修期，所以不属于物业公司维修责任的范围，物业公司也就不需要承担保修责任，需要吴女士自行承担房屋的维修费用。

知识看板

根据《商品房销售管理办法》第三十三条的规定：房地产开发企业应当对所售商品房承担质量保修责任。当事人应当在合同中就保修范围、保修期限、保修责任等内容做出约定。保修期从交付之日起计算。商品住宅的保修期限不得低于建设工程承包单位向建设单位出具的质量保修书约定保修期的存续期；存续期少于《商品住宅实行质量保证书和住宅使用说明书制度的规定》（以下简称《规定》）中确定的最低保修期限的，保修期不得低于《规定》中确定的最低保修期限。非住宅商品房的保修期限不得低于建设工程承包单位向建设单位出具的质量保修书约定保修期的存续期。在保修期限内发生的属于保修范围的质量问题，房地产开发企业应当履行保修义务，并对造成的损失承担赔偿责任。因不可抗力或者使用不当造成的损坏，房地产开发企业不承担责任。

由此可见，关于住房的保修期是比较复杂的，住房出现质量问题，并不是任何时候都可以要求开发商或物业公司进行维修，因为保修期存在一定的期限。

从本案例来看，吴女士只有自己承担房屋维修责任。如果吴女士想要在入住半年内或按标准规定的时间内享受保修期的优惠服务，可以在与前任业主商谈购房时，将其作为必要条件写入购房条款中，这样就可以形成维修责任转移。这样在房屋出现问题时，虽然不能由物业公司承担维修责任，但可由前任业主承担维修责任。

也就说，物业客户服务人员不仅需要知道商品房的保质期规定，还要知道如何计算房屋的保质期，这样才能有理有据的说服业主，让其明确物业维修责任，避免出现纠纷。

业主在购房时，若签订了房屋使用管理维修公约，开发商、业主、物业公司三者之间在物业管理中的权利与义务就已经得到明确，业主在入住时只需签订房屋验收交接文件、房屋装修协议；若未签订房屋使用管理维修公约，业主入住时就需要与物业公司签订物业管理委托管理合同或补签房屋使用管理维修公约、房屋装修协议等文件，后期出现维修纠纷时也可以以这些文件为依据。

其中，《房屋建筑工程质量保修办法》第七条规定，在正常使用下，房屋建筑工程的最低保修期限为：

①地基基础和主体结构工程，为设计文件规定的该工程的合理使用年限。

②屋面防水工程、有防水要求的卫生间、房间和外墙面的防渗漏为5年。

③供热与供冷系统，为2个采暖期、供冷期。

④电气系统、给排水管道、设备安装为2年。

⑤装修工程为2年。

⑥其他项目的保修期限由建设单位和施工单位约定。

4.1.3 业主擅自开孔安装空调

典型实例

某地某小区已完成交房工作，多户业主正在进行房屋装修。20××年12月2日，物业客户服务人员李某在巡查住户装修情况时，发现徐先生家未按要求装修，擅自在外墙上开孔安装空调。

于是，李某向部门主管汇报了具体情况，部门主管安排专业的装修人员刘师傅前往现场查看并协调工作。当刘师傅赶到现场时，徐先生家正在安装空调。刘师傅对现场进行查看后向徐先生解释，这样不按规定要求安装空调不仅影响外立面的统一、美观，而且空调安装人员不小心已经将暖气立管打漏，后期存在较大隐患。但徐先生坚持己见，督促安装人员继续施工。

刘师傅见无法再进行沟通，只能暂时扣留安装人员的工具和证件，并要求他们停工。同时，联系维修部的同事前来修补打漏的暖气立管。

徐先生对刘师傅的行为非常不满，提出让刘师傅叫自己的上级过来，并要求物业公司承担停止安装空调的后果。刘师傅觉得自己的做法并无不妥，并要求徐先生在房屋装修单上签字，承认自己违反小区装修管理规定。由于双方无法达成一致意见，一时僵持不下。

随后，物业客户服务中心主管到达现场，并安排维修人员立即修复好暖气立管，将地面、墙面等处清理干净。物业主管见两人还在争执，便说道："现在不是在追究谁的责任，而是应该商量怎么安装空调。"等两人平静后，他又劝导徐先生："我刚刚查看了一下，您之前选定的位置并不好，先不说这样会影响外立面的美观度，您这个位置的冷凝水管要布放更长的距离，也会给生活带来许多不便。"

徐先生仍然迟疑不决，物业主管继续说道："我们前期在进行位置设计时，已经考虑到空调的安装情况，选择的是最佳位置，您现在可以观察一下周围的情况，然后看看我们前期的设计是否合理。"于是，徐先生楼上楼下转了一圈儿，回来后欣然同意在规定位置安装空调，并与刘师傅握手言和。

实例解析

从上面例子中可以看出，物业客户服务人员处理问题时，切忌意气用事，即便自己没有错，也必须注意调整好自己的心态和情绪。

耐心向客户解释"物业公司要求在指定位置安装空调、管线不能外露，是为了保证小区的外观统一美观"，并提醒"如果我们小区各行其是地安装空调，那整个小区的外立面就会变得杂乱不堪，您肯定也不希望自己的居住环境变成这样的景象。"同时，向客户普及物业管理相关规定，如果执意违规执行，对大家都有害而无利。

知识看板

物业管理牵涉到方方面面，容易使许多微不足道的小事变得更加复杂。但正因为如此，又使物业客户服务人员能够借助方方面面的力量来促成复杂化问题的解决。

物业客户服务人员在处理部分问题时，需要同时唱"红脸"和"白脸"相互配合。有了彼此的默契配合，从中斡旋，给客户搭个台阶，在外力的推动下，可以使问题更快得到解决，避免出现纠纷。同时，默契双方需要具备处理问题的专业知识，能够说服客户，让其信服自己，从而推进问题的解决。

4.1.4 业主私自改变下水管

典型实例

某小区交房后,各位业主陆续入住小区,陆先生住在一栋28层的电梯房的20楼,李先生住在其楼上(即21楼),两人是邻居。20××年9月,李先生办理了入住手续,在进行房屋装修时,擅自在房屋的储藏室内安装了电动抽水马桶、洗脸盆等,改变了废水下水立管的三通,最终出现漏水现象,致使楼下陆先生储藏室内的储柜及物品受损。

于是,陆先生找到物业公司并要求其处理该事件。物业公司因李先生私自改变下水管,未经陆先生及物业公司同意,导致陆先生的合法权益受到损害,要求李先生停止侵害,并负责恢复下水管的原状,赔偿陆先生的相应损失。

李先生在收到物业公司的整改通知书后,也意识到自己的装修给陆先生造成了损失,通过与陆先生、物业公司沟通后,愿意对装修进行整改并赔偿。

实例解析

在本案例中,由于储藏室未做防水处理,也未安装排水设施,改装为卫生间后存在漏水隐患,所以切忌将储藏室或其他房间改装为卫生间。

李先生为了生活便利而私改下水管线,导致楼下屋顶漏水,已经严重损害了陆先生的合法权益,所以物业公司应该进行强力制止,有权要求陆先生拆除储物间安装的厨卫用品,按房屋的原始结构图,将废水的下水立管的下水管恢复原状。如果李先生不按照规定进行整改,陆先生与物业公司都有权向法院诉讼,要求李先生承担民事责任。

知识看板

根据《民法典》第二百九十六条的规定:不动产权利人因用水、排水、通行、铺设管线等利用相邻不动产的,应当尽量避免对相邻的不动产权利人造成损害。

根据《城镇排水与污水处理条例》第四十九条的规定：违反本条例规定，城镇排水与污水处理设施覆盖范围内的排水单位和个人，未按照国家有关规定将污水排入城镇排水设施，或者在雨水、污水分流地区将污水排入雨水管网的，由城镇排水主管部门责令改正，给予警告，逾期不改正或者造成严重后果的，对单位处10万元以上20万元以下罚款，对个人处2万元以上10万元以下罚款，造成损失的，依法承担赔偿责任。

根据《最高人民法院关与审理物业服务纠纷案件适用法律若干问题的解释》（法释〔2020〕17号）第一条的规定：业主违反物业服务合同或者法律、法规、管理规约，实施妨害物业服务与管理的行为，物业服务人请求业主承担停止侵害、排除妨碍、恢复原状等相应民事责任的，人民法院应予支持。

在业主开始装修房屋时，物业公司应加强巡逻力度，一旦发现违规装修的情况，应立即要求业主停止侵害，恢复排水管道原状。如果对邻里造成损害，还需要协调业主赔礼道歉并赔偿受害人各种损失。出现私自改变下水管的情况时，物业公司可以先进行协商，协商不成则可以向法院提起诉讼，会获得支持。

4.1.5　业主非法拆除房屋承重墙

吴先生在装修房屋的过程中，肆意破坏承重墙，将主卧与阳台的隔墙全部敲毁，厨房与客厅北面的墙体也所剩无几，这些墙体都是含有钢筋的承重墙。小区物业客户服务中心表示，吴先生在动工装修房屋前，从未向他们报备过，物业客户服务人员在巡查时，发现该房屋的多处承重结构损毁，曾多次上门劝阻，但吴先生都置若罔闻，并要求装修人员加紧施工。

物业客户服务中心考虑到安全因素，上报了相关部门，城管部门接到通知后立即前往现场查看，确定吴先生的行为会给房屋带来安全隐患，责令其将房屋恢复原状，但吴先生态度恶劣，拒绝配合。最终，吴先生被处以10万元的罚款，并被要求立即改正。从事后评估来看，处罚的依据主要是承重结构被严重破坏后,已经对房屋安全造成了一定影响,必须立即采取有效的恢复和加固手段。

实例解析

承重墙是指支撑着上部楼层重量的墙体,在工程图上为黑色墙体,拆除会破坏整个建筑结构;非承重墙是指不支撑着上部楼层重量的墙体,只起到隔离作用,拆除对建筑结构没有实质性的影响。也就是说,承重墙不能随意拆除,如果业主不遵守要求拆除承重墙,会影响地基的稳定性,其他业主或者物业管理公司有权起诉并要求恢复。

在本案例中,吴先生对房屋实施装修工程,虽是为了满足生活这项最基本的日常需要,但因装修房屋改动了楼体承重墙,未按照楼体原设计实施,且该改动行为并未经过有关部门的许可,给整栋楼的安全带来了隐患。因此,物业客户服务中心有权对吴先生关于破坏承重墙的行为进行阻止,请求其停止侵害、排除妨碍、消除危险。如果吴先生不按照规定进行整改,物业公司有权向法院诉讼,要求吴先生承担民事责任。

知识看板

根据《住宅室内装饰装修管理办法》第五条的规定,住宅室内装饰装修活动,禁止下列行为:

(一)未经原设计单位或者具有相应资质等级的设计单位提出设计方案,变动建筑主体和承重结构;

(二)将没有防水要求的房间或者阳台改为卫生间、厨房间;

(三)扩大承重墙上原有的门窗尺寸,拆除连接阳台的砖、混凝土墙体;

(四)损坏房屋原有节能设施,降低节能效果;

(五)其他影响建筑结构和使用安全的行为。

本办法所称建筑主体,是指建筑实体的结构构造,包括屋盖、楼盖、梁、柱、支撑、墙体、连接接点和基础等。

本办法所称承重结构,是指直接将本身自重与各种外加作用力系统地传递给基础地基的主要结构构件和其连接接点，包括承重墙体、立杆、柱、框架柱、支墩、楼板、梁、屋架、悬索等。

因此，在装修时破坏承重墙的行为属于违法行为，其他业主应向物业公司反映邻居破坏承重墙的行为，物业公司也应及时上门制止。若业主不听劝阻继续破坏承重墙，物业公司应向房屋行政管理部门报告，由执法部门责令其整改恢复。同时，如果该业主破坏承重墙的行为已经造成房屋或其他财产损失，其他业主还可以提起民事诉讼，由法院强制整改，消除安全隐患，并要求赔偿邻里损失。

4.2 建筑物致人损害纠纷

建筑物致人损害是指建筑物及其他设施以及建筑物上的搁置物、悬挂物发生倒塌、脱落、坠落造成他人损害的情况，如墙壁倒塌、窗户玻璃吹落、花盆坠落、广告牌倒塌造成他人的人身财产损害。那么，有客户因为建筑物导致损害，物业公司该怎么解决呢？下面就来看看。

4.2.1 业主触电受伤，物业公司是否有责任

典型实例

刘某是一名爱动的 11 岁小孩，周末在家玩耍时，发现阳台旁边的树上有一只鸽子，于是用身边的铁丝去打鸽子，结果被挂在树上折断的高压线所吸而触电受伤。刘某的父母认为物业公司没有尽到维修养护高压电线的义务，于是向本地法院提起诉讼，要求物业公司和电力公司共同承担赔偿责任。

法院通过走访查明，在距离刘某家阳台的垂直距离 5 米左右处，有 10 千伏的高压线，当时处于风季，前几天大风将高压线刮断，导致建筑物损害事故的发生，法院最终判决电力公司进行赔偿。虽然物业公司不用赔偿，

但是出于人道主义精神，物业公司还是对业主进行了医药费的资助，并对刘某及其父母进行了安抚。

实例解析

本案例中，物业公司要看服务合同中对供电服务是否有特殊约定，通常供水、供电和燃气服务是由专门的企业提供服务。物业公司的管理范围是小区的建筑物及与建筑物密不可分的附属配套设施，高压电线不属于小区的配套设施，若合同中无特殊约定，则不属于物业管理事项的范围。

另外，根据《电力设施保护条例》《物业管理条例》等法律法规的规定，由电力公司承担高压电线的维修养护责任，物业公司没有维修养护高压电管线的义务，所以不应承担赔偿责任。

知识看板

根据《民法典》第一千二百四十条的规定：从事高空、高压、地下挖掘活动或者使用高速轨道运输工具造成他人损害的，经营者应当承担侵权责任；但是，能够证明损害是因受害人故意或者不可抗力造成的，不承担责任。被侵权人对损害的发生有重大过失的，可以减轻经营者的责任。

根据《物业管理条例》第五十一条的规定：供水、供电、供气、供热、通信、有线电视等单位，应当依法承担物业管理区域内相关管线和设施设备维修、养护的责任。

也就是说，物业公司的职责是保障物业的正常使用，维护小区的公共秩序，管理范围应当限制在建筑物及与建筑物密不可分的附属配套设施。如果物业服务合同没有特殊约定，则物业公司无须承担其他法律责任。

电力公司具有维修养护高压电线的责任，应严格依照相关规定采取有力的措施保障电力设施的安全，在大风过后应采取措施消除危险。而刘某并不是故意触电受伤，所以电力公司不具有免责条件，应依法承担法律责任。

4.2.2 电梯发生事故，物业公司负责举证

典型实例

家住某高层住宅的毛女士乘电梯下楼时，电梯突然向下坠落，然后又异常上下升降多次。惊恐万分的毛女士因站立不稳，撞伤腰部，后来被物业客户服务人员及时送往医院治疗。

毛女士认为，小区物业公司维护电梯不力，导致自己受伤，应该承担责任，于是将物业公司告到了法院。物业公司认为，他们只是替电梯公司收取电梯维护费，且毛女士也不能证明自己因电梯故障受伤。为了获取证据，毛女士提出查看电梯内的监控，希望物业公司提供电梯运行情况的监控录像，但物业公司拒绝提交录像。

法院经审理认为，作为电梯管理人的物业公司，没有证据证明其无过错，因此，判决物业服务公司赔偿毛女士治疗费及相关费用。

实例解析

在本案例中，作为电梯管理方的物业公司，应当对其已尽管理义务且无过错的事实承担举证责任。如果没有事实证据，且拒绝提供电梯监控录像，则可推断为录像内容对物业公司不利，物业公司存有过错。因此，物业公司作为电梯管理方，应该对毛女士承担相应责任。

如果小区内突发的物业公共设备设施侵害到业主，物业公司应该及时保存相关证据，以便处理问题时可以提供证据证明已履行物业管理义务。同时，物业公司应对物业共用设备设施进行定期检查，发现问题及时修理维护，对于怠于管理致使公用设施发生事故致人损害的，应承担赔偿责任。

知识看板

根据《民法典》第一千二百五十三条的规定：建筑物、构筑物或者其他设施及其搁置物、悬挂物发生脱落、坠落造成他人损害，所有人、管理人或者使用人不能证明自己没有过错的，应当承担侵权责任。所有人、管

理人或者使用人赔偿后，有其他责任人的，有权向其他责任人追偿。

同时，《最高人民法院关于民事诉讼证据的若干规定》（法释〔2019〕19号）第九十五条：一方当事人控制证据无正当理由拒不提交，对待证事实负有举证责任的当事人主张该证据的内容不利于控制人的，人民法院可以认定该主张成立。

物业公司有电梯监控录像，但拒绝提供。因此，可推定为录像内容对物业服务公司不利，物业公司存有过错。

4.2.3　业主坠楼受伤，物业是否承担责任

典型实例

20××年10月20日，14岁小孩陈某某被发现躺在其居住的小区绿植间，经过物业公司调取监控发现，陈某某系从小区楼顶坠落，因楼层不高且坠落时被树枝钩挂，才没有出现更严重的伤害。

但陈某某的父母认为，陈某某是在居住的小区楼顶坠落，物业公司有监控却未及时发现陈某某上了顶楼，未能对小区物业工作尽到管理职责，遂起诉至法院，要求物业公司承担各项赔偿。

经法院审理认为，该小区楼房经检验合格交付给业主使用，其顶楼平台围墙符合安全规范，不存在安全隐患。陈某某楼顶坠落属于意外事故，不是因为设施、设备存在安全隐患意外坠楼，加之物业公司尽到了安全保障义务，没有侵权行为，故对该坠楼事故不应当承担赔偿责任。

实例解析

在本案例中，物业公司不应对陈某某的坠楼受伤承担赔偿责任。陈某某受伤与物业公司未尽安全保障义务之间不存在因果关系，因此法院不支持陈某某父母要求物业公司承担赔偿责任的诉讼请求。

楼顶平台为连通各个单元疏散楼梯的消防平台，楼顶逃生门为消防安全出口，禁止封闭。陈某某为未成年人，爬上楼顶平台围墙意外坠落，其

父母作为其监护人,未履行好监护职责导致其爬上顶楼平台,应负直接责任。物业公司负责管理的顶楼平台围墙符合安全规范,且在顶楼到楼顶平台的楼梯转角墙上、楼梯间、顶楼铁门等处张贴了警示标志,已经尽到了安全保障义务,所以不应承担责任。

知识看板

根据《民法典》第九百四十二条的规定:物业服务人应当按照约定和物业的使用性质,妥善维修、养护、清洁、绿化和经营管理物业服务区域内的业主共有部分,维护物业服务区域内的基本秩序,采取合理措施保护业主的人身、财产安全。

对于物业公司而言,其安全保障义务主要体现为协助性和防范性的特征,物业公司是否尽到安全保障义务,需要结合合同约定的物业服务标准、事故的急难程度、物业公司资质相匹配的专业管理能力等因素综合进行分析,最终确认是否承担侵权责任。

4.2.4 公共下水道堵塞造成损失,谁来承担损失

典型实例

蒋先生是某小区5栋1单元101号房的业主,20××年1月25日已回老家,20××年2月5日接到小区物业客户服务中心的电话,物业客户服务人员告诉蒋先生,保洁人员在打扫其所在楼层时,发现走道里面有积水,通过仔细查看后,发现水是从蒋先生家的入户门在往外溢,需要他赶紧回来处理。

而此时蒋先生并不能立即赶回小区,由于情况紧急,经过蒋先生许可后,物业客户服务中心联系了可靠的开锁师傅,及时打开了蒋先生家的大门。物业客户服务人员入屋后直接被吓到,只见蒋先生家的马桶正在往外大量溢水,木地板、各类家具等都遭到不同程度的浸泡。物业客户服务人员立即关闭水阀并安排多名保洁人员进行打扫。

经过管道维修人员李师傅测试后判断,马桶溢水的原因是厕所主管道堵塞导致污水反冒。随后,李师傅撬开该栋楼的排水沉沙井盖,使用专业疏通机器处理后,掏出很多没有消解的破布、食物残渣等物品。经过物业客户服务人员排查,楼上的几户人家都属于正常居住状态。

20××年2月5日,蒋先生回到小区处理此事,并认为自己的房屋被水浸泡,楼上的住户与物业公司都存在过错,然后将楼上的住户和物业公司诉至法院,要求赔偿。在法院审判时,蒋先生楼上的住户辩解称,自己已经按期缴纳了物业维修资金与物业管理费,避免下水道堵塞是物业客户服务中心的工作,应由物业公司承担赔偿。同时,蒋先生也曾多次发现马桶有堵塞现象,却没有做好相应的防范措施,从而导致事故出现,所以蒋先生也应该承担一定责任。

法院审理认为,楼上其余各住户应共同承担责任。小区物业公司已尽到管理、维护的责任,不需承担责任。

实例解析

在本案例中,蒋先生的房屋因排污管道被各种弃物堵塞,导致污水反冒并造成财产损失。不过,该事件比较特殊,能确定是由楼上住户未合理使用排管造成管道堵塞,但无法确定堵塞物具体来自哪户人家,所以楼上住户均存在过错的可能性,应共同承担责任。

而物业公司按期对小区排污、排水管网及沉沙井做过检查,已尽到管理、维护的责任,物业客户服务人员在事发后,也积极协调处理,避免了原告的财产受到更大的损失,所以对此事件不需要承担赔偿责任。

知识看板

根据《民法典》第一千一百七十二条的规定:二人以上分别实施侵权行为造成同一损害,能够确定责任大小的,各自承担相应的责任;难以确定责任大小的,平均承担责任。

在物业管理实践中,多个住户共同使用排水管道,负有共同管理、共同维护、共同注意的义务。因排水管道中的非正常污物导致管道堵塞,当前证据又难以确定具体侵权人,楼上住户房屋的位置和居住情况各不相同。因此,依法应当各自承担相应的责任。

对于开发商而言,如果能证明房屋下水管道设计合理或者未有擅自变更施工图纸设计的行为,就不需要承担责任;对于物业公司,只要按照相关法律规定以及物业服务合同的约定,尽到对小区公共设施的日常维护、定期检查及防止损失扩大的义务,也不需要承担责任。

4.2.5　业主擅自占用楼道堆放杂物,被清理后要求赔偿

典型实例

某小区业主陈先生因违章搭建被执法部门责令整改,违建物拆除后,执法人员将拆下来的杂物放置在陈先生所处楼层的公共通道内,并要求陈先生尽快处理。

物业客户服务人员在巡查中发现堆积在楼道内的杂物,基于消防安全及人员过路安全考虑,通知陈先生在3日内将楼道内的杂物清除,否则物业客户服务中心将代为清理。一个星期过去后,因陈先生迟迟未清理,物业客户服务中心上报了业主委员会,由业主委员会安排人员将陈先生家门口的杂物当作建筑垃圾清理了。

随后,陈先生找到物业客户服务中心,要求其归还自己的物品或者赔偿损失,物业客户服务人员只得耐心向其解释:

楼道属于全体业主共有,任何人不得随意占用,否则就侵害了其他业主的合法利益。同时,楼梯口的公共走廊属于业主共有的部分,是为了方便业主行走,而不是为了堆放杂物,这不仅容易引起火灾,更容易伤到其他业主,产生严重后果。陈先生这才意识到问题的严重性,于是与物业客户服务中心和解。

实例解析

在本案例中,楼道是公共区域,陈先生占用公共区域堆放杂物会带来

安全隐患，因为这些废弃杂物存在可燃性，存放时间过长，遇到明火就容易引发火灾。例如，业主在路过时抽烟随便乱扔烟头、小孩玩火、燃放爆竹等都可能引发火灾。

另外，楼道属于公共消防通道，是广大业主出行的常用通道，陈先生的杂物堆放在小区楼道内，不仅影响了整体环境，还可能给其他业主出行带来安全隐患。例如，碰到杂物导致刮伤、撞伤等，在遇到地震、火灾等自然灾害时，还会严重影响他人逃生。

知识看板

根据《中华人民共和国消防法》第六十条第三款规定：占用、堵塞、封闭疏散通道、安全出口或者有其他妨碍安全疏散行为的，责令改正，处五千元以上五万元以下罚款。

根据《最高人民法院关于审理建筑物区分所有权纠纷案件适用法律若干问题的解释》（法释〔2020〕17号）第三条：除法律、行政法规规定的共有部分外，建筑区划内的以下部分，也应当认定为《民法典》第二编第六章所称的共有部分。

（一）建筑物的基础、承重结构、外墙、屋顶等基本结构部分，通道、楼梯、大堂等公共通行部分，消防、公共照明等附属设施、设备，避难层、设备层或者设备间等结构部分；

（二）其他不属于业主专有部分，也不属于市政公用部分或者其他权利人所有的场所及设施等。

建筑区划内的土地，依法由业主共同享有建设用地使用权，但属于业主专有的整栋建筑物的规划占地或者城镇公共道路、绿地占地除外。

《民法典》第二百八十六条的规定：业主大会或者业主委员会，对任意弃置垃圾、排放污染物或者噪声、违反规定饲养动物、违章搭建、侵占通道、拒付物业费等损害他人合法权益的行为，有权依照法律、法规以及管理规约，请求行为人停止侵害、排除妨碍、消除危险、恢复原状、赔偿损失。业主或者其他行为人拒不履行相关义务的，有关当事人可以向有关行政主管部门报告或者投诉，有关行政主管部门应当依法处理。

《高层民用建筑消防安全管理规定》第三十七条的规定：禁止在高层民用建筑公共门厅、疏散走道、楼梯间、安全出口停放电动自行车或者为电动自行车充电。

由此可知，业主在公共区域乱堆杂物属于侵权行为，侵犯了其他业主的民事权益，甚至公共利益。物业公司根据合同有义务定期清理垃圾，但也有权要求业主将产生的建筑垃圾堆放到指定的地点，不得随意倾倒和堆放，更不得将其堆放在公共区域。

另外，物业客户服务中心应对业主进行消防安全知识培训和普及，组织消防演练，发放消防手册，提升全体业主的消防安全意识。针对楼道摆放杂物的业主，首先通知到人，要求其定期清理完毕，并进行监督。如果业主不听劝告，可以反馈至业主委员会，由其上门劝说做好协助工作，没有效果可投诉至消防、城管等部门进行处理。

4.3　车辆管理纠纷

随着业主私有车辆的逐渐增多，小区车辆规范化、细致化管理已经成为物业公司关注的焦点。因此，物业客户服务人员需要了解更多与车辆停放有关的法律法规，从而分析开发商、业主及物业公司的权利和义务，规避、解决车辆管理纠纷。

4.3.1　车辆停在小区免费停车场受损，物业该不该赔偿

典型实例

刘先生在小区露天停车位停车期间，车窗玻璃被损坏。刘先生发现后立即报警，但刘先生所在小区为老小区，小区相关区域监控因设备老化无法调出监控画面，民警无法找到侵权人。

刘先生以小区物业公司未尽到管理责任为由，要求其赔偿车辆损坏的损失，而物业公司则认为自己已经尽到了合理的管理义务，在调解无果的情况下，刘先生将物业公司诉至法院。

刘先生起诉物业公司的理由主要有两点：第一，物业公司对小区内车辆停放具有监管义务；第二，小区监控系统因老化瘫痪，找不到对车辆实施破坏的侵权人，主要因为物业公司不作为导致。刘先生认为自己每年准时缴纳物业管理费，而物业公司却没提供相应的管理服务，所以需要物业公司对自己进行赔偿。

法院通过审理后认为，刘先生停车没有付费，物业公司对刘先生车辆安全不具有完全注意义务，于是驳回了刘先生的诉讼请求。

实例解析

在本案例中，刘先生将车辆停放在小区的公共停车位，并没有向物业公司缴纳相应的停车管理费，所以刘先生与物业公司之间没有形成具有完全注意义务的车辆保管合同关系，物业公司对刘先生的车辆并不负有完全注意义务。因此，物业公司可以拒绝刘先生的赔偿要求。

对于小区监控设备老化导致监控系统瘫痪问题，业主委员会也表示物业公司在刘先生车辆损坏之前就已经上报，且业主委员会也发布了相关通知，只是刘先生没有留意到该通知而已。也就说明，物业公司已经尽到相关告知义务，对于刘先生将车辆停放到公共停车位受损，并以物业公司不能提供视频监控为由，要求物业公司赔偿并不能得到支持。不过，刘先生可以通过车辆保险向保险公司进行索赔。

知识看板

根据《民法典》第九百四十二条的规定：物业服务人应当按照约定和物业的使用性质，妥善维修、养护、清洁、绿化和经营管理物业服务区域内的业主共有部分，维护物业服务区域内的基本秩序，采取合理措施保护业主的人身、财产安全。

对物业服务区域内违反有关治安、环保、消防等法律法规的行为，物业服务人应及时采取合理措施制止、向有关行政主管部门报告并协助处理。

也就是说，物业公司负有采取合理措施保护业主人身和财产安全的义务，该义务为物业公司对业主财产的一般管理人义务，而刘先生车辆在公共停车位上出现损坏现象则属于完全注意义务范畴，即只有根据车辆停放管理协议或合同，物业公司才对车辆的财产安全负有安全保障的义务。因此，物业公司不需要对刘先生车辆损失负责。

4.3.2 高空坠物砸车，物业公司取证免责

典型实例

徐先生将汽车停放在小区的停车场，第二天发现汽车被高空坠物砸坏车顶。徐先生找到物业客户服务中心，物业客户服务人员回复是隔壁正在施工的小区坠落的建筑物导致，并带徐先生查看现场。同时，物业客户服务人员对现场进行了多角度拍照，并将坠落的建筑物包装好交给徐先生。

徐先生修车后就维修费与隔壁小区交涉，但没有获得赔偿。于是，徐先生将隔壁小区的开发商以及本小区的物业公司告上法庭，要求两个公司共同赔偿修车费。徐先生的诉讼理由是：隔壁小区在拆除脚手架和防护网时的遮盖物较小，不足以防止损害的发生，应负赔偿责任。而本小区物业公司未对其所停车辆妥善看护，也应承担连带赔偿责任。

经法院审判认为，建筑物以及建筑物上的搁置物、悬挂物发生脱落、坠落等造成他人损害，它的所有人应当承担民事责任，而隔壁小区的所有人为开发商，所以开发商应对损害负民事责任，赔偿徐先生的车辆维修费。另外，物业公司不是建筑物的所有人或管理人，不须承担责任。

实例解析

如果物业公司与徐先生之间建立的是车辆保管关系，则需要承担连带责任，优先被要求赔偿，然后向房地产公司追偿。如果物业公司与车主之

间是"车位有偿使用"的租赁关系，则可以免除赔偿责任。

在本案例中，物业公司对车辆损害事件的处理方式非常恰当。物业客户服务人员巡逻停车场时发现汽车被砸后，首先注意保护现场，并通知保洁人员暂不打扫事故范围内的清洁，等待车主查验现场。与车主取得联系后，对现场进行拍照存档，而徐先生与隔壁开发商无法否认这些作为证据的照片，从而使物业公司可以免责。

通常情况下，物业管理工作中出现各类可能引起纠纷的事故，物业客户服务人员应该借鉴以下几个要点。

- ◆ **还原事件的真实过程**：物业客户服务人员不仅需要证明自己没有责任，还要帮助客户查找真相，找到真正的肇事者，从而避免与客户之间产生纠纷。
- ◆ **提升证据意识**：通过拍照、现场记录、目击证人等方式确定证据，不仅帮助客户解决纠纷，还能划分清楚自己的责任问题。
- ◆ **通过法律举证**：最高人民法院的举证规则中表明，设施设备造成的损害赔偿，设施设备的管理人和所有人依法负有举证责任。因此，保全证据及举证责任履行是物业管理工作中的重要环节。

知识看板

根据《民法典》第一千二百五十三条的规定：建筑物、构筑物或者其他设施及其搁置物、悬挂物发生脱落、坠落造成他人损害，所有人、管理人或者使用人不能证明自己没有过错的，应当承担侵权责任。所有人、管理人或者使用人赔偿后，有其他责任人的，有权向其他责任人追偿。

根据《中华人民共和国民事诉讼法》第六十七条的规定：当事人对自己提出的主张，有责任提供证据。

可以明确本案例中的赔偿方为隔壁小区的开发商，如果是因为施工单位未按要求进行防护工作，最终导致事故发生，开发商可以依据建设施工合同，与施工单位协商赔偿事宜。

4.3.3 业主擅自改变车位造成损失，物业公司无责

典型实例

杨先生向小区物业客户服务中心缴纳了 300 元停车费，将自己的汽车停进小区停车场。1 月 20 日晚上 11:00，因为时间太晚，杨先生开车回家没有将车停到指定的停车位，而是停在离自己楼栋较近的小区道路旁。

第二天早上 8:00 左右，杨先生发现自己的汽车被损坏，通过车辆维修公司鉴定，维修费需要 3 万元左右。于是，杨先生将小区物业公司告上了法院，称物业公司保管不善，索赔车辆维修费。

物业公司认为，杨先生交纳的 300 元停车费是停车场车位租用费，而不是车辆保管费，所以对该车辆没有保管义务。同时，杨先生未按要求使用停车位，违反了双方的合同约定及物业管理规定，将车辆随意停放，该车辆损坏与物业公司的管理职责无关，所以不需要承担车辆损坏的赔偿责任，需要杨先生自行承担维修责任。

经法院审理认为，杨先生应在物业公司指定的停车位上停放车辆，物业公司对停放在固定停车位上的车辆负有保管义务。杨先生车辆损坏当晚，并没有将车辆停放在物业公司指定的停车位中，脱离了物业公司的保管范围，所以物业公司没有管理责任，不需要承担赔偿。同时，杨先生擅自更改停车位置造成损失，应自行承担责任。

实例解析

在小区内停放的车辆，如果在物业公司管理区域内损坏或丢失，业主请求物业公司承担赔偿责任，需要根据物业公司的过错程度、收费情况等综合因素，确定是否承担赔偿责任以及赔偿的比例。如果物业公司在提供服务时，不存在明显的失职且积极协助业主解决问题，往往是法院判决物业公司是否承担责任的重要考量因素。例如，有的小区停车物业公司不收费或仅收取较低费用，法院就会降低其责任度，反之责任就较大。

也就是说，物业公司按照规定对客户停车进行告知、安排人员巡视、

非住户进出小区有登记、关键位置安装监控以及保存各类资料等，则可以认为物业公司没有责任。如果物业公司没有做到上述要求，则可以视为物业管理工作有瑕疵，物业服务环节中有管理责任和失职行为。当然，即便是物业公司存在管理责任，也不能直接要求物业公司赔偿，而应该根据实际情况进行协商。

在本案例中，物业公司完全履行安全保障义务，针对杨先生车辆损坏的事件，应当根据过错程度减轻或免除物业公司赔偿责任。由于杨先生不按指定位置停车，出现车辆损坏，则应该自行承担维修责任。

知识看板

物业公司只有告知的义务，告诉客户什么地方可以停车，什么地方不能停车，也就是维护停车秩序。如果物业公司在权限范围内进行了告知，就不承担责任。

根据《民法典》第八百九十七条的规定：保管期内，因保管人保管不善造成保管物毁损、灭失的，保管人应当承担赔偿责任。但是，无偿保管人证明自己没有故意或者重大过失的，不承担赔偿责任。

业主和物业使用人与物业公司明确约定为车辆保管合同关系，保管期间因保管不善造成车辆丢失或者损坏的，由物业公司承担损害赔偿责任。

另外，业主和物业使用人在物业管理区域内，因为第三人侵权行为造成人身或者财产损害的，由侵权行为人承担赔偿责任。当然，因物业公司委托的第三方公司的行为给业主车辆造成损害，由物业公司和第三方公司承担连带赔偿责任。

4.4 安全保卫纠纷

物业安全管理是物业公司的一项主要职责，物业公司履行该职责的依据是房屋管理法律法规的规定和物业服务合同的约定，这也是物业公司处理与客户在物业安全保卫纠纷时的重要依据。

4.4.1 业主家里被盗，物业公司是否该赔偿

典型实例

赵女士是某小区的业主，10月15日，赵女士去公司上班后，家里遭到小偷"光顾"，被盗走现金10 000元左右、单反相机一部、笔记本一台以及金银首饰若干。事发后，赵女士立即报警。

从物业公司提供的监控录像来看，10月15日15:00左右，小偷搭乘电梯上到20楼后，又下到赵女士家所在的15楼进行盗窃，然后拿着盗窃物乘电梯下楼，并离开了小区。赵女士认为，小区内的监控清晰可见，整个盗窃过程长达一个多小时，但物业客户服务中心没有发现小偷，还让小偷顺利逃走。

于是，赵女士将小区物业公司告上了法庭，诉讼理由是：作为业主，自己按期缴纳物业管理费，但物业公司没有充分尽到安保义务，给自己造成了较大经济损失，物业公司应负赔偿责任。但物业公司则认为，自己和赵女士签订了物业管理服务协议，约定了双方的权利和义务，同时明确业主私人财产由业主自行保管，物业公司只针对房屋共有部分的管理及绿化、公共秩序的管理，不包括业主室内的安全管理，所以业主的财产损失不应由物业公司承担责任。

经法院审理认为，物业公司与业主签订的"物业管理服务协议"中明确约定，物业公司对业主的人身和财产的保管、保险不需承担义务，而物业公司也实行了小区全天24小时值班巡逻。同时，"物业管理服务协议"中并没有约定，针对业主财物被盗的情况，物业公司应承担责任。

而通过现场查看，赵女士家的门锁明显被破坏，可以确定犯罪分子通过开锁进入其家中实施盗窃行为，该事件已经超出物业公司所应尽到的安保义务范围，而赵女士也无法提供合理证据证明物业公司在此案中存在过错。因此，法院判决物业公司无须承担赔偿责任。

实例解析

在本案例中，物业公司为赵女士提供的是物业管理服务，物业服务协议约定物业承担公共秩序维护、防盗等义务，但并未明确约定赵女士家庭财产属于物业保管服务范围，而赵女士也未提供证据证明物业未能履行物业服务协议的约定及对家中财物被盗存在过错。

赵女士家中被盗，是因犯罪分子实施犯罪行为所致，应该追究犯罪分子的刑事责任并承担相应的赔偿责任。犯罪分子实施犯罪行为的时间与地点均存在很大的不确定性，赵女士要求物业公司对此犯罪行为进行制止，超出了其能够防止或制止的范围。

想要界定物业公司是否存在过错，主要看物业公司与业主签订的物业服务协议，从而判断物业公司是否履行了协议义务。例如，协议约定保安定期与不定期巡逻、安装防盗装置等，若物业公司已按照协议要求采取了有效的防范措施，尽到保障业主财产安全的义务，则可以不承担责任。

知识看板

根据《物业管理条例》第三十五条的规定：物业服务企业应当按照物业服务合同的约定，提供相应的服务。物业服务企业未能履行物业服务合同的约定，导致业主人身、财产安全受到损害的，应当依法承担相应的法律责任。

因此，物业公司是否履行了物业服务协议中约定的安保责任，将成为判定其是否为业主被盗损失承担赔偿责任的关键。

如果协议中没有约定物业公司的安保责任，物业公司配备了必要的安全设施、设备，发生入室盗窃案后，物业公司则不承担安保责任；如果物业管理公司没有依约履行安保义务，则要承担未尽安全保障义务的法律责任。这种情况下，业主需要举证物业公司违反了约定的安保条款，证明家中失窃与物业公司的违约行为存在关系，证据主要涉及安保系统完善和安保措施合理等。

4.4.2　因紧急避险造成的损失，谁来担责

典型实例

周先生是某小区的业主，在购买了房屋后，周先生就把该小区的房屋出租给了刘先生居住。8月12日22:00左右，刘先生在出租屋内卧床吸烟，未将香烟熄灭就睡着了，导致香烟将床单被套引燃并导致火灾。火灾发生后，小区物业公司的值班人员立即报警并使用灭火器、消防水管等消防器材进行灭火，直到消防人员到场后才将火情完全扑灭。

消防人员在灭火时，因消防用水倒灌烧坏电梯门板机，导致电梯门机控制器故障，小区物业公司为维修电梯花费了20 000元左右维修费，并花费上千元购买灌装灭火器，随后通知周先生赔偿这部分费用，但遭到周先生拒绝，双方由此产生纠纷，物业公司将周先生告上法庭。

经法院审理认为，该小区发生火灾的主要原因是，周先生的租户刘先生夜间吸烟不慎引起，消防抢救是防止损害扩大的紧急措施，由此引起的电梯损坏并非消防人员故意导致。小区物业公司对救火过程中引起的财产损坏进行垫资修复，属于对全体业主履行物业服务协议的行为，周先生作为出租屋的业主，是接受物业服务及实施消防灭火的直接受益人，理应承担救火修复产生的费用。因此，物业公司垫资的费用由周先生进行补偿，周先生有权向刘先生（引起火灾的直接过错人）行使追索权追索该费用。

实例解析

在本案例中，物业公司有权向相关责任人主张赔偿经济损失。小区火灾发生后，物业公司积极利用消防器材进行灭火，并及时请求消防人员前来协助灭火，对物业管理而言是非常恰当的行为，不存在过错。火情扑灭后，为了恢复电梯正常使用和公共安全，物业公司垫资进行电梯维修及购买灌装灭火器，所以其有权对造成火灾损失的相关人主张赔偿。

也就是说，火灾是由周先生的房屋内引起，直接危害公共安全，物业公司在施救灭火过程中不存在不当行为，周先生是施救灭火的受益人，应

该对本次火灾负责，即补偿物业公司的垫资。周先生向物业公司补偿后，可以向本次火灾的过错人追责。

知识看板

根据《最高人民法院关于审理物业服务纠纷案件适用法律若干问题的解释》（法释〔2020〕17号）第一条的规定：业主违反物业服务合同或者违反法律、法规、管理规约，实施妨害物业服务与管理的行为，物业服务企业请求业主承担恢复原状、停止侵害、排除妨害等相应民事责任的，人民法院应予支持；以及第四条的规定：因物业的承租人、借用人或者其他物业使用人实施违反物业服务合同，以及法律、法规或者管理规约的行为引起的物业服务纠纷，人民法院应当参照关于业主的规定处理。

根据《民法典》第一百八十二条的规定：因紧急避险造成损害的，由引起险情发生的人承担民事责任。危险由自然原因引起的，紧急避险人不承担民事责任，可以给予适当补偿。紧急避险采取措施不当或者超过必要的限度，造成不应有的损害的，紧急避险人应当承担适当的民事责任。

在物业管理实践中，存在很多紧急避险的情形，物业客户服务人员应当正确解读紧急避险的法律规定，不要因为抢险救灾时损坏他人财产有索赔风险而缩手缩脚，导致损害扩大，错过最佳抢救时机，还可能因为应急不够迅速而被追究相应的法律责任。

4.4.3 业主小区遭殴打，在场保安救助引起纠纷

典型实例

在某小区内，业主吴先生与前来看房的几名人员因意见不合发生口角。随后，多名看房人员不由分说，就将吴先生打伤。

案发前，物业公司的门卫对进入小区的人员进行了询问与登记，在获得吴先生同意后才准许其进入小区。在殴打过程中，物业公司的保安也一直在劝阻，并极力阻拦殴打吴先生的看房人员。报警后，物业公司也尽力

协助公安人员侦破案件。而被打伤的吴先生以物业公司应对业主的人身安全负责为由向法院起诉，要求物业公司承担赔偿责任。

经法院审理认为，吴先生和物业公司之间系物业管理合同关系，对物业公司的安保责任没有特别约定，物业公司只需承担一般意义上的安保责任，本事件中已经尽到了安保注意义务，所以物业公司不需要承担赔偿责任。

实例解析

在本案例中，物业公司与吴先生之间的物业服务协议内，并未对安保服务做出特别约定，而且物业公司的保安人员已经履行了安保义务，询问了登记人员进出情况，案发时也尽力保护业主的人身和财产安全，事后积极配合公安人员调查，所以不应对吴先生遭受的伤害承担赔偿责任。

知识看板

结合《物业管理条例》第三十五条，以及《物业管理条例》第四十六条：物业服务企业应当协助做好物业管理区域内的安全防范工作。发生安全事故时，物业服务企业在采取应急措施的同时，应当及时向有关行政管理部门报告，协助做好救助工作。物业服务企业雇请保安人员的，应当遵守国家有关规定。保安人员在维护物业管理区域内的公共秩序时，应当履行职责，不得侵害公民的合法权益。

由此可见，物业公司不是客户的保镖，只要尽到安保注意义务，按照物业服务协议的约定履行日常安保工作，就不需要承担责任。

第 5 章
物业侵权与管理费纠纷处理

物业管理合同是长期性合同，物业公司与业主在履行过程中很容易产生纠纷，不仅存在业主侵权与物业公司侵权纠纷，业主以物业公司提供服务的质量不合格而拒绝交纳物业管理费的情况也比较常见。因此，物业客户服务人员还需要掌握该类纠纷的处理方式。

5.1 业主侵权纠纷

物业公司作为对小区公共设施、区域维修、维护、管理的直接人，对业主侵害自己合法权益的行为，有权请求其承担民事责任。业主侵权行为有很多种情况，物业公司可以采取有针对性的措施来维护合法权益。

5.1.1 业主损害物业公司名誉，属于侵权行为

典型实例

某房地产开发有限公司聘请××物业公司作为某小区的物业服务公司，负责该小区的物业管理。在物业公司为小区提供物业服务的过程中，小区业主陈先生为发泄不满情绪，使用微信在小区业主微信群内多次发布不实言论，如"该物业公司在行业口碑极差，只管收取物业费，服务时偷奸耍滑""物管狗眼看人低""物管黑心无良"等言论。

业主微信群内的人员已多达几百人，陈先生涉嫌诋毁物业公司名誉及泄露人员隐私，还将不实言论转发到其他微信群内。陈先生的这种行为给物业公司造成严重不利影响，物业公司遂将陈先生起诉至法院，要求其立即停止侵权行为，消除影响、赔礼道歉并赔偿损失。

法院经审理认为，本案属侵犯名誉权纠纷。陈先生为了发泄不满情绪，在业主微信群里发布不实言论，属于在公众场合发布言论。陈先生发布的言论对物业公司的名誉进行了贬损，直接侵害了物业公司的名誉权，属于过错行为，应当依法承担侵权责任。最终，法院判决陈先生立即停止侵害物业公司的名誉权并赔礼道歉。

实例解析

从上面的例子可以看出，在小区业主微信群内发布不实消息，不管是自己发布还是将其转发，都存在贬损物业公司名誉的主观故意行为。陈先生在该小区业主群内发布信息后，已经导致物业公司的名誉权受损，侵犯了

物业公司的名誉权。

因此，陈先生需要承担相应的侵权责任，陈先生所发布信息的范围及造成不良影响的范围，应在小区业主范围内向物业公司公开赔礼道歉，同时应当停止侵权、消除影响。

知识看板

根据《民法典》第一千零二十四条的规定：民事主体享有名誉权。任何组织或者个人不得以侮辱、诽谤等方式侵害他人的名誉权。名誉是对民事主体的品德、声望、才能、信用等的社会评价。

由此可知，民事主体享有名誉权，任何组织或个人不得以侮辱、诽谤等方式侵害他人的名誉权。物业公司作为法人，属于民事主体，同样享有名誉权。

公民具有言论自由的权利，舆论监督权与名誉权都平等地受到法律保护。如何寻求平衡点呢？这就需要区分基于客观事实的评价和无中生有的污蔑和诽谤。

根据《民法典》第一千零二十五条的规定：行为人为公共利益实施新闻报道、舆论监督等行为，影响他人名誉的，不承担民事责任，但是有下列情形之一的除外：

（一）捏造、歪曲事实；

（二）对他人提供的严重失实内容未尽到合理核实义务；

（三）使用侮辱性言辞等贬损他人名誉。

简单理解，使用侮辱性言辞贬损他人名誉，则构成名誉侵权。

根据《民法典》第九百九十五条的规定：人格权受到侵害的，受害人有权依照本法和其他法律的规定请求行为人承担民事责任。受害人的停止侵害、排除妨碍、消除危险、消除影响、恢复名誉、赔礼道歉请求权，不适用诉讼时效的规定。

《民法典》第九百九十七条的规定：民事主体有证据证明行为人正在实施或者即将实施侵害其人格权的违法行为，不及时制止将使其合法权益受到难以弥补的损害的,有权依法向人民法院申请采取责令行为人停止有关行为的措施。

也就是说,当人格受到侵害时,被侵害人有权要求制止正在遭受的人格侵害。

5.1.2 房前小院扩建至绿地及人行道,物业公司可起诉

典型实例

某市一家物业公司受开发商委托对某住宅小区进行物业管理服务。随后,小区业主陆续办理了入住手续,并开始装修房屋。物业客户服务人员在进行日常巡查时,发现居住在一楼的业主江先生,正在其房屋的公共绿地上打地基扩建房前小院。

物业客户服务人员立即劝阻并制止其施工,同时向江先生下达了装修违章通知单,要求其停止扩建并恢复公共绿地原状。但江先生不听劝阻,后面几日仍然让施工人员将小院扩至公共绿地,并将小区人行道上用铁栅栏围起,严重影响到其他业主的正常通行和小区绿化景观,侵犯了其他业主与物业公司的合法权益。

在沟通无效的情况下,物业公司向法院提起了诉讼,要求江先生立即拆除扩建的小院并将公共绿化与人行道恢复原状。

法院经审判认为,江先生将自己的小院扩建至全体业主的共有部分,属于侵权行为,物业公司有权要求其停止侵害、排除妨害。

实例解析

小区内的公共绿地及人行道属于全体业主共同拥有,物业公司作为小区物业管理机构,根据物业管理合同的约定,对物业共有部分享有管理维护的权利。也就是说,江先生在未经其他业主同意的情况下,不能占用业主共有空间。业主擅自占用全体业主共有空间,物业公司有权要求其停止侵害、恢复原状,并向法院起诉。

知识看板

根据《民法典》第二百七十四条的规定：建筑区划内的道路，属于业主共有，但是属于城镇公共道路的除外。建筑区划内的绿地，属于业主共有，但是属于城镇公共绿地或者明示属于个人的除外。建筑区划内的其他公共场所、公用设施和物业服务用房，属于业主共有。

因此，可以认定该业主的行为侵犯了其他业主及物业公司的利益，需要立即拆除小院扩建的部分，并将公共绿化与人行道恢复至房屋交付使用时的状态。

5.1.3 业主车辆受损，辱骂攻击保安构成侵权

典型实例

陈先生是某小区业主，一天早上准备开车上班时，发现自己的汽车被人用利器刮花。于是，陈先生将车开到物业客户服务中心门口，找到物业公司的保安小刘，并向其表态，认为他们的客户服务人员没有尽到管理责任，这才导致自己的汽车被划花，同时还对小刘进行辱骂，甚至大打出手将小刘打伤入院。

随后，小刘将陈先生诉讼至法院，要求其赔偿医药费，并以陈先生在大庭广众之下辱骂自己，侵害了自己的名誉权为由，要求其赔偿相应的精神损失费。

经法院审理认为，陈先生在发现自己的车辆被刮花后，应该要求物业公司为其查看监控，甚至是向公安机关报案处理，而不是在毫无理由的情况下，在公众场合对保安小刘进行谩骂，并出手将其打伤，这种做法损害了小刘的人格和名誉，侵犯了人身权利，依法应予以赔偿。

实例解析

从上面的例子可以看出，陈先生没有向物业公司寻求帮助，也没有向公安机关报案，而是在公共场合对保安小刘进行辱骂，还出手将其打伤，

直接侵害了小刘的名誉权和人身权，因此陈先生应当依法向小刘赔礼道歉、赔偿损失等。

知识看板

根据《民法典》第一百一十条的规定：自然人享有生命权、身体权、健康权、姓名权、肖像权、名誉权、荣誉权、隐私权、婚姻自主权等权利。法人、非法人组织享有名称权、名誉权和荣誉权。

《民法典》第一千条的规定：行为人因侵害人格权承担消除影响、恢复名誉、赔礼道歉等民事责任的，应当与行为的具体方式和造成的影响范围相当。行为人拒不承担前款规定的民事责任的，人民法院可以采取在报刊、网络等媒体上发布公告或者公布生效裁判文书等方式执行，产生的费用由行为人负担。

因此，业主应遵纪守法，不得侵害他人的人身和财产权利。业主辱骂攻击保安的行为可能构成名誉权、身体权、健康权侵权。应该承担赔礼道歉、消除影响等责任，给保安造成损失的，还应该承担损害赔偿责任。

5.1.4　业主占用公共楼道，物业公司如何处理

典型实例

某物业公司已经为某小区提供了十几年的服务。小区的楼宇建筑结构是两梯六户，户门两两相对。

其中，有两户业主的关系比较融洽，恰好又住在顶层，于是双方协商后决定在两家公用的公共楼道安装防盗门，封闭后的公共区域可以作为两家的门厅使用，安装储物柜、鞋柜等物品。

物业公司在进行日常巡逻时，发现上述违规情况，与两位业主沟通并要求整改，同时上报了主管部门。但这两位业主提出，该公共楼道属于两家共用区域，双方皆同意改建，所以不存在违规情况且不同意整改意见。随后，物业公司以业主占用公共楼道为由，将其告上法院。

法院经审判后认为，小区公共设备设施的使用权由小区全体业主享有，单个业主无权单独对其进行使用，不得影响、排除其他业主的使用权。因此，要求这两户业主停止侵权，立即拆除楼道中安装的防盗门。

实例解析

在本案例中，相邻业主认为共用楼道由相关住户同意使用即可，然而，这种行为不仅侵犯了本楼层其他业主的权益，还侵犯到了整栋楼全体业主的权益。

物业公司的职责是对公共区域进行管理和服务，业主占用楼道公共区域，安装防盗门，物业服务公司有权要求其停止占用、拆除违章、恢复原状，造成共用部位损坏的，还可以要求其承担赔偿责任。如果当事人拒不停止侵权行为，物业公司可以向法院起诉，请求法院强制性要求当事人停止侵权，拆除防盗门。

知识看板

根据《民法典》第二百七十二条的规定：业主对其建筑物专有部分享有占有、使用、收益和处分的权利。业主行使权利不得危及建筑物的安全，不得损害其他业主的合法权益。

《民法典》第二百八十条的规定：业主大会或者业主委员会的决定，对业主具有法律约束力。业主大会或者业主委员会作出的决定侵害业主合法权益的，受侵害的业主可以请求人民法院予以撤销。

物业公司在面对业主侵权时，应主动使用法律武器维护自身和全体业主的合法权益不受到侵害。

5.1.5 业主被踢出群聊，物业公司不负责任

典型实例

为了方便业主及时接收小区最新消息，及时讨论小区各种事务，物业

公司在微信上创建了小区物业服务群，将小区内各业主邀请入群，并负责群管理工作。

一天晚上，刘女士在没有收到任何通知的情况下，被物业服务群的管理员移除了微信群，曾多次联系物业客户服务中心及物业管家要求重新进群，均未得到回应。

刘女士认为自己被移除物业服务群后，无法再获取各种有效的信息，自己遇到问题也不能及时找到物业人员进行解决，与其他业主的沟通交流也带来不便，直接影响了自己享受物业服务的权利，于是将物业公司起诉至法院，要求物业公司赔礼道歉并赔偿其精神损失费 1 500 元，同时要求物业公司邀请自己进入物业管理群。

而物业公司解释道，物业服务群是所有业主良好沟通交流的场所，刘女士经常在里面发布各种卖产品的广告，甚至发出一些煽动性的言论，引起了多名业主的不满，这些业主对其进行了投诉。物业客户服务中心为了维护广大业主的权益，也曾劝导刘女士，但其并没有收敛自己的行为，反而变本加厉，私下添加其他业主的微信并推送广告。

法院审理认为，微信群聊属于基于特定关系或者某种共同需求，而自发形成的临时性组织，主要作用就是聊天或沟通共同事务。能否进入或留在微信群组，取决于群组自治规则和管理员的意愿，物业公司将刘女士移出微信群组的行为并未影响刘女士享有物业服务的权利，也未对其权利的行使产生影响。因此，刘女士以物业合同纠纷为由将物业公司诉至法院，法院经审理裁定不予受理。

实例解析

在本案例中，物业公司通过微信创建物业服务群的行为并不是基于法律的强制性规定，也不属于物业公司的法定义务，在物业服务合同中也没进行相关约定，所以创建微信群及管理微信群都不属于物业服务的范围。也就是说，物业服务与创建服务群没有直接的联系，是否进入到服务群中，也不会对业主享受物业服务产生实际影响。

因此，物业公司将刘女士移出微信服务群，并没有对刘女士权利的行使产生妨碍，如果刘女士坚持认为物业公司提供的信息有遗漏，或者还存在其他违约行为，且损害了自己的权益，则可以通过其他方式或理由提起诉讼。

知识看板

从本质上看，微信群是基于某种社会关系通过网络创建的交流场所，微信群的管理人员可以对群组成员进行自主管理，如转让群、@所有人、解散群、删除或增加群成员、发布群公告、修改群名称等，这些管理行为都是微信群组自治规则的运用，所产生的纠纷不属于民事法律调整的范围。因此，业主要求进入物业公司管理的微信群组的权利于法无据，法院不会受理该情况的民事诉讼。

也就是说，微信群聊属于社会交往的范畴，不具备《民法典》所规定的民事法律关系，也就无法使用民事法律进行调整或者规范。而处于微信群中的群成员，需要服从群里的相关管理要求，不然被管理员移除群后，就只能选择默默接受了。

5.2 物业公司侵权纠纷

近年来，物业公司与客户之间的矛盾冲突屡见不鲜。如果物业公司已经涉及侵权，客户可以通过诉讼要求物业公司承担相应的法律责任；如果只是简单的邻里纠纷，则物业客户服务人员需要向客户解释清楚，并进行相应的协调。

因此，物业客户服务人员需要学会辨别事件的类型，尽力做到客户满意，而不至于加深与客户之间的矛盾。

5.2.1 业主违禁燃放爆竹引事故，物业公司是否承担责任

典型实例

除夕这天，陈先生的儿子陈某某带领做客的小朋友在小区内玩耍，几人多次在楼栋前的空地上燃放烟花爆竹。物业客户服务人员在晚间巡逻时，发现家住1楼的李先生家有浓烟冒出，随即拨打119报警电话并组织人员在确保安全的情况下及时灭火，以防止火灾蔓延。

消防人员到达现场后，虽经过极力抢救，仍造成该房屋内装修、设施及其他财物的损毁。事后，消防支队出具"火灾事故认定书"，认定小区起火原因为外来火源，系燃放烟花爆竹引发。为此，李先生将物业公司诉至法院，要求赔偿火灾造成的相关损失。但物业公司认为，物业客户服务人员有根据相关规定张贴告示，禁止住户在小区内燃放烟花爆竹，尽到了告知义务，故对事故发生无过错。

法院经审理认为，已满14周岁的陈某某与同伴在事故发生时，系限制民事行为能力人，具有一定的判断能力，应知道燃放烟花爆竹的危险性，对于本次行为造成的损害后果，几人应负主要责任。陈先生作为其监护人，应负有教育、提醒子女安全问题的义务和责任，而陈先生未尽到相关责任，并购买烟花爆竹让陈某某带领其他人燃放，是导致事故发生的直接原因，所以需要对此次事故负责。

物业公司作为小区的管理者，对此事故并无主观过错，且物业公司提供的证据能充分证明其已尽到了管理人的义务，则对事故的发生不应承担民事责任。

实例解析

从本案例中可以看出，物业公司作为小区内的物业管理主体，对物业管理范围内的安全防范工作有一定的管理义务，只有因其未尽到管理职责而发生的损害，物业服务公司才需要承担责任。也就是说，如果物业公司未能对在小区内燃放烟花爆竹的行为及时制止，或未采取相应的应对措施，

则可能会认定物业公司在物业管理中没有尽到管理职责，就需要承担相应的赔偿责任。

面对诸多因燃放烟花爆竹的行为引发的事故，物业公司应加强风险防范意识，主要采取以下防范措施。

- ◆ 在物业服务合同中明确约定，小区管理范围内禁止燃放烟花爆竹。
- ◆ 在小区公告栏的显眼位置张贴公告，明令禁止在小区内燃放烟花爆竹，并拍照存档保留必要的证据材料。
- ◆ 加强安全巡逻检查，特别是春节期间，发现燃放烟花爆竹行为要及时制止，尽量进行拍照或录像保留证据。
- ◆ 安装监控设备并保证其正常运行，以便发生事故时能更好地进行处理，减少纠纷。
- ◆ 做好消防防护措施及各种应急预案，定期对工作人员进行消防培训并对消防设施进行检查，避免燃放烟花爆竹引发火灾等安全事故的发生。

知识看板

根据《民法典》第一千一百九十八条的规定：宾馆、商场、银行、车站、机场、体育场馆、娱乐场所等经营场所、公共场所的经营者、管理者或者群众性活动的组织者，未尽到安全保障义务，造成他人损害的，应当承担侵权责任。因第三人的行为造成他人损害的，由第三人承担侵权责任；经营者、管理者或者组织者未尽到安全保障义务的，承担相应的补充责任。经营者、管理者或者组织者承担补充责任后，可以向第三人追偿。

根据《物业管理条例》第三十五条的规定：物业服务企业应当按照物业服务合同的约定，提供相应的服务。物业服务企业未能履行物业服务合同的约定，导致业主人身、财产安全受到损害的，应当依法承担相应的法律责任。

《物业管理条例》第四十六条的规定：物业服务企业应当协助做好物业管理区域内的安全防范工作。发生安全事故时，物业服务企业在采取应急措施的同时，应当及时向有关行政管理部门报告，协助做好救助工作。

物业服务企业雇请保安人员的，应当遵守国家有关规定。保安人员在维护物业管理区域内的公共秩序时，应当履行职责，不得侵害公民的合法权益。

家长应加强对小孩的安全教育和提醒，杜绝未成年人接触或使用危险品，避免安全事故的发生。而物业公司作为物业共用设备设施的管理人，应消除各种安全隐患，对危险品需设置明显标志，做好客户的安全问题宣传和明示。从民事责任来看，如果管理范围内发生安全事故，物业公司能证明物业共用设备设施致人损害没有过错，则可以免除侵权责任。

5.2.2　物业公司张贴告示点名批评业主，不构成侵权

典型实例

吴先生是某住宅小区的业主，某天下班回家时突然发现，小区告示栏上张贴的告示中有自己的名字，物业公司声称自己具有"占用公共走道、拖欠物业管理费、占用他人车位"等一系列问题。

这令吴先生十分气愤，认为告示中所列情况都是无中生有，物业公司之所以这么做完全是故意报复，原因是：吴先生曾经在微信业主群中公开批评物业公司收费不合理。

因此，吴先生认为物业公司的行为侵害了自己的名誉权，请求法院判令物业公司立即停止侵害、赔礼道歉并赔偿精神损失费。

法院经审理后认为，物业公司在告示栏中张贴告示并未超出小区范围，虽然告示中对吴先生占用公共走道、拖欠物业管理费、占用他人车位等情况予以"点名"批评，但也属于事实，并没有损害其名誉的故意行为。

实例解析

从本案例中可以看出，吴先生确实存在占用公共走道、拖欠物业管理费、占用他人车位等不当行为，而物业公司主观上不存在贬低吴先生人格、损害其名誉的故意行为，所以不需要承担名誉侵权责任。

虽然物业公司在小区内张贴告示，是依据业主公约和管理合同做出的

正当管理行为，但这并不是最好的选择，容易激化矛盾，应耐心与吴先生进行沟通，从而和平解决问题。

知识看板

根据《民法典》第一百一十条的规定：自然人享有生命权、身体权、健康权、姓名权、肖像权、名誉权、荣誉权、隐私权、婚姻自主权等权利。法人、非法人组织享有名称权、名誉权和荣誉权。

侵害名誉权民事责任的构成应具备以下条件：

◆ 物业公司实施了侵害业主名誉权的行为，并针对业主实施。
◆ 物业公司主观上具有过错。
◆ 该侵害行为对业主造成了损害后果。
◆ 物业公司侵害业主名誉权的行为与损害后果之间有因果关系。

由此可知，物业公司在公告栏中张贴告示批评吴先生，批评的内容属实，所以不构成名誉侵权。

5.2.3 业主家里管道堵塞受损失，物业公司是否承担责任

典型实例

家住某小区的吴女士，某日接到物业公司客户服务人员的电话，告知其家里有水向门外渗出，需要立即回家处理。吴女士连忙赶回家中，发现因下水管道堵塞，洗手间的地漏向外渗水，造成客厅、卧室的木地板及家具等损坏。

通过仔细查看，吴女士的房屋漏水严重影响到楼下陈先生家，造成了重大损失。于是，陈先生向法院起诉，要求吴女士赔偿损失，并对房屋进行修复。同时，陈先生认为吴女士家渗水与主管道堵塞有关，要求物业公司承担相应赔偿责任。

物业公司解释：本栋楼内的主管道及排水管的直径皆为11厘米，而业主家洗手间排水管直径为5厘米。因此，想要主管道被堵塞，则必定是大

于 11 厘米的堵塞物，而大于 11 厘米的堵塞物，根本不能从业主家 5 厘米的排水管排出。另外，主管道连接整栋楼所有业主家，若主管道发生堵塞，则整栋楼都可能出现排水堵塞现象，但通过物业客户服务人员排查，其他业主家并未出现异常，而吴女士家的厕所下水管确实存在堵塞物，可以认为主管道通畅并无问题。

法院经审理后认为，因吴女士装修时将建筑垃圾倒入厕所中，导致卫生间下水道堵塞。而业主在入住小区时，物业公司通过微信群、告示等方式，提醒业主装修时不得将水泥砂浆、腻子粉等倒入下水道，并要求业主按照指定方式定点投放和清运装修垃圾。因此，陈先生房屋的损失由吴小姐赔偿，与物业公司无关。

实例解析

从本案例中可以看出，物业公司作为物业服务行业，根据物业合同的约定，对于共有设施设备具有维护、管理的义务。而下水道堵塞的原因是吴女士的装修垃圾进入下水道，具有一定的突发性、偶然性。

同时，从堵塞位置来看，该段下水道属于隐蔽工程，不容易被发现，所以物业公司在进行例行检查、疏通后，很难发现该问题，而物业公司在发现吴女士家有渗水情况后，及时进行了处理，已尽到相应职责，并不存在过错，不需要承担相应责任。

知识看板

根据《民法典》第一千一百七十二条的规定：二人以上分别实施侵权行为造成同一损害，能够确定责任大小的，各自承担相应的责任；难以确定责任大小的，平均承担责任。

物业公司有责任维护公共设施的正常使用，如果因物业公司疏于管理，导致管道堵塞，且给业主造成损失，则需要承担相应法律责任。但下水管道的堵塞是因其他业主违章装修造成，则应由直接侵权人承担赔偿责任，物业公司只应在职责范围内，对未履行维护和管理义务发生的损失承担补充责任。

5.3 物业管理费纠纷

物业公司与业主之间的物业管理合同属于长期性合同,物业公司在履行合同的过程中,容易与业主产生纠纷,而业主拒绝交纳物业管理费的纠纷就比较常见,物业客户服务人员需要掌握相应的应对技巧。

5.3.1 因新买房屋漏水,业主拒交物业管理费

典型实例

姜女士为了上班方便,在某市购买了一套商品房的顶层,交房时向物业公司交纳了当年的物业管理费。入住后经历了几场大雨,姜女士发现天花板墙角处有水洇湿的现象,后来竟然出现天花板墙皮掉落,于是姜女士前往物业客户服务中心报修。

物业客户服务中心立即组织维修人员进行现场查看,也意识到问题的严重性,于是通知原施工单位,施工单位接到通知后,安排专业人员对楼顶重新做了防水处理。

不过,姜女士已经对该房屋产生了消极情绪,与开发商协商后确定换房,但对漏雨造成损失的赔偿问题,双方还是产生了争议。

姜女士认为自己购买并装修好的房屋,因为漏雨无法正常居住,且装修遭到严重破坏,这是开发商房屋建设及物业管理存在问题导致,如果开发商的赔偿不能让自己满意,自己将不再交纳物业管理费。同时,还要求物业公司从物业管理费中扣除其所花费的修理费,并赔偿因房屋漏水所遭受的经济损失。

开发商承认销售的房屋存在质量问题,愿意向姜女士赔偿部分经济损失,但是认为自己已经为姜女士调换了房屋,所以不能答应姜女士更多的要求。

法院审理认为，姜女士拖欠物业管理费的情况确实存在，物业公司也确实为其提供了物业管理服务，姜女士第一年已经交纳的物业管理费，应视为对物业公司收费标准的认可。同时，屋顶漏水不在物业管理范畴内，姜女士以此拒交物业费，法院不予支持，故判决姜女士立即支付物业公司的物业管理费。

实例解析

物业公司要求业主支付物业管理费，是物业纠纷处理中最常见的案例。业主拒交理由主要是认为物业服务与收费标准不对等，或对物业费收取标准及依据有异议等。

就算姜女士有合理的理由，也不应该通过拒交物业管理费来表达不满。如果姜女士认为物业公司的服务没有达到标准，可以向相关部门反应或者投诉，并向物业公司提出合理的收费标准。如果物业公司拒绝调整收费标准，可提起诉讼。而本案例中，姜女士自家房屋楼顶漏水，以物业公司管理服务不到位为由拒绝交纳物业管理费，理由不能成立。

姜女士从开发商手中购买商品房，开发商应确保交付的房屋质量完好并提供一定的质量保修期，而房屋屋顶漏水，是房屋质量出现问题，如果在保修期内，姜女士可以依据房屋买卖合同要求开发商处理。

而物业公司的职责是对公共卫生、绿化及公共实施、公共管道等进行维护，并不对房屋质量问题负责，所以姜女士以房屋漏水问题拒交物业管理费不合理。

知识看板

根据《民法典》第一百一十九条的规定：依法成立的合同，对当事人具有法律约束力。"

《民法典》第五百七十七条的规定："当事人一方不履行合同义务或者履行合同义务不符合约定的，应当承担继续履行、采取补救措施或者赔偿损失等违约责任。

物业公司与小区业主委员会签订的物业管理服务合同和物业服务合同，是小区业主委员会代表小区全体业主就有关物业的使用、维护以及管理，与物业公司进行的约定，属于合法有效的物业合同，具有法律效力。

也就是说，物业公司在约定的期限内对公共卫生、绿化及公共设施、公共管道等进行了维护，为小区全体业主提供了管理服务，履行了合同义务，所以有权向小区全体业主收取物业管理费。而业主不按时交纳物业管理费，实际上是损害了全体业主的权益。

5.3.2 未签物业服务合同，业主不能拒交物业管理费

典型实例

某小区业主委员会与某物业公司签订了物业管理委托合同，约定物业公司为本物业的全体业主及物业使用人提供服务。

随后几年，物业公司严格遵守小区委托管理协议，为广大住户提供优质的物业管理服务。其中，大部分住户能按期交纳物业管理费，但陈先生未能按期交纳物业管理费。

物业公司在沟通无效后，将其诉至法院，要求他交纳拖欠的4年物业管理费10 120元，并承担诉讼费。不过，陈先生以其与物业公司之间没有签订物业合同，物业公司为其提供的物业服务不多为由，拒绝向物业公司交纳物业管理费。

经法院审理后认为，业主委员会是业主大会的执行机构，可以代表业主与物业公司签订物业服务合同。陈先生作为业主之一，该合同对其具有相应的约束力，所以陈先生应负有交纳物业管理费的义务，故判决陈先生立即给付物业管理费10 120元。

实例解析

从本案例中可以看出，物业公司已经按照合同约定提供了合格的物业

管理服务，业主也享受了物业公司提供的物业管理服务，所以业主需要履行及时交纳物业管理费的义务，不能拒绝交纳。

在当前的物业管理中，业主拖欠物业管理费是一个十分突出的问题，直接影响到物业公司的正常经营，降低物业公司服务的积极性，间接损害其他业主的利益。而业主委员会与物业公司签订了物业管理合同，业主应受其约束，负有交纳物业管理费的义务。如果业主委员会未与物业公司签订有效的物业管理合同，但业主实际上接受了物业公司的服务，业主也需要按照实际发生的服务价格向物业公司交纳相应服务费用。

知识看板

根据《民法典》第九百三十九的规定：建设单位依法与物业服务人订立的前期物业服务合同，以及业主委员会与业主大会依法选聘的物业服务人订立的物业服务合同，对业主具有法律约束力。

也就是说，即便小区业主没有直接与物业公司签订前期物业服务合同，但物业公司按照与业主委员会签订的合同提供物业服务，业主仍然需要交纳相应的物业管理费，并受到该物业服务合同的约束。

5.3.3　业主不能以家中被盗为由，拒交物业管理费

典型实例

家住某小区的王先生，在某日外出上班时家中被盗。而物业公司因为经费原因，只在小区内的主要路口安装了监控。王先生认为小区物业服务不到位，虽然自己与物业公司之间签订了物业管理合同，但物业公司没有尽到安全保障义务，从而使盗贼有机可乘，物业公司应该担责，因此拒交物业管理费。

但物业公司认为自己已经为小区提供了合理的物业服务，尽到了安全保障义务，而且在王先生家中被盗后也第一时间向公安机关报案。因此，物业公司已经尽到了相应的义务，不需要对王先生家中因被盗而产生的损

失承担赔偿责任，在与王先生多次协商未果的情况下，物业公司将其起诉到法院。

经法院审理后认为，物业公司每日安排保安人员对小区进行看守和巡逻，并安装部分摄像头，属于在合理范围内执行安全保障义务，物业公司也按合同约定为业主提供物业服务，王先生已享受物业公司提供服务所带来的便利，具有主动交纳物业管理费的义务。

通过法院的耐心沟通，最终双方达成调解，王先生及时向物业公司交纳了相应物业管理费。

实例解析

王先生和物业公司签订物业管理合同后，双方各自负有义务。其中，物业公司应按合同约定履行物业管理职责，而王先生应按时交纳物业管理费。如果物业公司没有按照合同履行相应管理职责，则构成违约，王先生可以要求其承担违约责任，甚至可以申请减免相应的物业管理费。

从本案例中可以看出，物业公司与王先生签订了物业管理合同，双方形成了物业管理服务法律关系，应该各自履行义务，而物业公司也尽到了合理注意义务以及采取合理预防措施，以保障王先生的人身和财产利益不受侵害。

但因物业公司在经费和职权等方面都受到限制，不可能防止一切损害的发生，当王先生家被盗窃时，物业公司很难进行控制。因此，物业公司可以对王先生因第三人侵权所遭受的损失免责，而王先生则不能因此拒绝履行自己的义务，应交纳物业管理费。

知识看板

根据《民法典》第五百七十七条的规定：当事人一方不履行合同义务或者履行合同义务不符合约定的，应当承担继续履行、采取补救措施或者赔偿损失等违约责任。

业主家中失窃的原因有多种，如果物业公司没有尽到相应的管理职责，导致业主家中失窃造成损失，应该承担相应比例的赔偿责任；如果物业公司已经履行服务范围内的职责，则可不必承担业主家中因失窃造成的损失责任。另外，基于物业服务合同关系而收取的物业管理费，业主有义务缴纳，否则应当承担相应的违约责任。

5.3.4　物业合同期限届满，不可以作为拒付物业费的理由

> **典型实例**

某小区业主委员会与某物业公司签订了物业管理服务合同，约定由物业公司为该小区提供物业管理服务，如合同期满，业主委员会没有通知物业公司将续聘或解聘，同时没有选聘新的物业公司，由当前物业公司继续管理的，视为此合同自动延续。

不过，在物业管理服务合同还未到期时，该小区的第一届业主委员会宣布解散。

随后，物业公司与该小区的物业服务合同期满，物业公司未收到小区业委会的续聘或解聘通知，小区也没有选聘新的物业公司，于是原物业公司继续为该小区提供物业服务。

陈先生作为该小区某商铺的所有权人，将商铺出租给林先生，并由林先生负担交纳商铺租赁期间的物业管理费。双方的租赁合同期满后，林先生没有再续租该商铺。陈先生收回商铺后，也没有到物业公司查询物业管理费的交纳情况。

物业公司向陈先生发来物业管理费催缴通知单，告知其三年未交纳物业管理费，要求其立即交纳该期间的物业管理费。陈先生以物业公司合同到期为由，拒绝交纳，物业公司遂将陈先生诉至法院。

经法院审理认为，虽然物业公司与该小区的物业管理服务合同中约定的服务期限已届满，但小区业委员会没有对该物业公司进行续聘、解聘，也没有另聘其他物业公司，且该物业公司还在继续为该小区提供物业管理

服务，原物业服务合同依然有效。陈先生的商铺享受了该物业管理服务，作为商铺的所有权人，应当按时向物业公司交纳物业管理费。

实例解析

物业服务合同是指业主与物业公司约定，由物业公司管理建筑物及其附属设施的服务合同。也就是说，物业公司与小区的业主属于服务与被服务的关系。物业公司在提供服务的过程中，需要及时准确地公开物业服务范围及收费情况，同时主动与业主进行交流沟通，提升业主的生活体验。

从本案例中可以看出，陈先生在享有物业服务合同权利的同时，也需要承担相应的义务，应及时交纳物业管理费，不能以小区业委会解散、未续签物业服务合同等理由，拒绝向物业公司交纳物业管理服务费。

知识看板

根据《民法典》第九百四十八条的规定：物业服务期限届满后，业主没有依法作出续聘或者另聘物业服务人的决定，物业服务人继续提供物业服务的，原物业服务合同继续有效，但是服务期限为不定期。

《民法典》第九百五十条的规定：物业服务合同终止后，在业主或者业主大会选聘的新物业服务人或者决定自行管理的业主接管之前，原物业服务人应当继续处理物业服务事项，并可以请求业主支付该期间的物业费。

物业合同到期后，如果小区没有另聘其他物业公司，而原物业公司还在继续提供物业服务，则原物业服务合同继续有效，但是服务期限为不定期。

其实，物业服务合同期限届满并不能直接终止物业服务，很多小区的物业服务合同虽然已经到期，业主委员会也没有与物业公司续签合同，但物业公司仍然在提供物业服务，业主也欣然接受该服务，则说明双方存在事实上的物业服务合同关系，业主需要继续交纳物业管理费。

第 6 章
物业环境投诉处理

在物业客户服务中心为业主提供服务的过程中，难免会有一些过失或问题存在，接到业主的投诉不可避免，其中与物业环境相关的投诉是比较常见的，如物业交付投诉、装修管理投诉以及环境管理投诉。作为物业客户服务人员，必须能够正确认识及处理这些投诉。

6.1 物业交付投诉

当开发商完成房地产的建造后,接下来就会进行交房,在交房前后,业主可能会发现各类房屋问题,因此容易出现纠纷。此时,物业客户服务人员每天都要面对多位业主,回答并解决各种各样的物业交付投诉问题,这对物业客户服务人员的沟通能力是一种考验。

6.1.1 以房屋与样板房不同为由拒绝收房,是否合理

典型实例

某小区已建设完成,开发商与前置物业公司进行了工作对接。随后,物业公司按照买卖合同约定的时间通知业主前来收房。

刘先生办完相关手续后就去现场验收新房,但在验收过程中,发现主卧的窗户开启位置与前期买房时看到的样板间不一致,当前主卧的窗户开在南面,而样板房主卧的窗户则开在西面,于是刘先生就以此为由投诉物业公司,并拒绝交房。

面对此种情况,物业客户服务人员耐心向刘先生解释,主卧窗户当前的开启方向并不影响使用,夏季不可能会受到暴晒等。虽然已经尽量说服刘先生收房,但刘先生最后还是拒绝收房。

此时,物业公司只能将刘先生拒绝收房的原因反馈给开发商,由开发商与刘先生进行沟通,物业公司作为中间的服务人员,只能尽职责做好相关协助工作,而与业主之间的交房工作还需要开发商来完成。

实例解析

在楼盘销售期间,开发商会综合考虑不同消费者的需求,选择一些不同户型的住房,装修成各类风格的样板间,从而展示在消费者面前。楼盘销售人员向消费者推荐住房时,也会强调样板房只是作为同户型房屋及装修效果的展示,具体以实际交房为准。

另外，对于很多消费者而言，观看了样板房的格局及装修，就以为遇到了心仪的房子，加上楼盘销售人员的极力推荐，会毫不犹豫地立即签约，对房屋及合同细节并不会仔细观看及推敲，只想立即搬进新房入住。当事后冷静下来，就开始后悔自己的冲动行为，甚至在收房时找各种理由拒绝签收。

如同本案例中的刘先生，以窗户开启位置与样板房不一致为由拒绝收房，刘先生做出这种行为，可能想要得到一定补偿。为了避免这类问题，物业公司应提前做好相关准备，可以按照以下几步进行。

- ◆ 在交房前，物业客户服务中心应制作"交房技巧说明书"，做好物业客户服务人员的相关培训，使其熟练掌握交房技巧，在交房时遇到类似问题，物业客户服务人员能懂得运用这些技巧，及时回答业主的问题并消除疑虑。
- ◆ 在遇到问题时，业主拒不接受物业客户服务人员的解释，物业客户服务人员应将业主引导至独立休息室，由物业公司的应急小组协调处理。
- ◆ 如果应急小组也无法说服业主收房，物业公司的现场负责人应及时联系开发商，由其安排专人与业主进行解释、沟通，并达成共识。
- ◆ 在处理期间，物业客户服务人员应随时跟进，及时将处理进展反馈给业主，增加业主的好感。
- ◆ 如果业主同意收房，物业客户服务中心应及时安排工作人员跟进，为业主提供专业的收房服务，提升业主的满意度。

知识看板

正常情况下，业主可以拒绝收房，物业公司应该尊重客户的决定，同时提前做好相应准备，尽量劝解业主收房。因为业主与开发商前期已经签订了商品房销售合同，最后交房以商品房销售合同约定为依据。

通常情况下，商品房销售合同中的条款会对购房人所购物业相关信息以及交房标准都有明确约定，会写明样板房的用途是办公用途，且样板房非交付标准。因此，物业客户服务人员在开展业主收房工作前，还需要认真研究商品房销售合同中的条款及约定。

6.1.2　业主投诉搬家货梯被占用，如何处理

典型实例

某小区业主王女士半年前已完成新房装修，本月迫不及待想要搬入新房入住，但是在搬家的过程中，却遇到了不愉快的事情。

因为王女士新买的床垫尺寸较大，没办法直接搬进客梯，只能通过货梯搬运。不过，在搬运过程中发现货梯被装修公司长时间占用，于是打电话给物业客户服务中心投诉，物业客户服务中心答复因对方提前预约，所以货梯要先给对方使用。

而王女士因为没有提前预约货梯搬家，所以只能等装修公司使用完成后才能使用货梯，这让她感到莫名恼火，直接前往物业客户服务中心进行投诉。

实例解析

搬家问题是物业公司与业主第一次正面接触，这会牵涉到很多问题，如人员出入小区、搬家车辆进出小区、电梯使用申请，不管是哪个环节出现问题，都可能引起业主投诉。

而电梯问题也非常容易引起投诉，主要存在以下三个原因。

①家具尺寸问题，电梯是建设单位按照通用标准设计安装的，可能会与业主搬运的货物尺寸不匹配。

②新房交付后，陆续会有很多业主搬入新房，但电梯的数量有限，为了确保各类工作有序进行，长时间占用电梯的业主需要先到物业客户服务中心预约登记。

③装修冲突，由于交楼时间不长，很多业主家正在装修，造成施工单位与业主"争抢"电梯的冲突。

对于王女士而言，搬入新家本来是一件大喜事，但在搬家过程中遇到

不愉快的事情，严重打击了搬家积极性。对于物业公司来说，业主着急搬家的心情可以理解，施工单位装修房屋赶工期也情有可原，这些问题是无法避免的，如何正视这些问题并做好协调工作，是物业公司需要重点关注的，也就是让业主搬家搬得开心，又不影响到施工单位的施工进度。

通常情况下，遇到本案例类似情况时，物业公司可以通过以下几种方法来处理。

- ◆ 找到问题根源，分析解决方案，安抚业主，消除其不满情绪。
- ◆ 制订专梯专用方案，主动联系业主，了解其搬家日程，做好相关应急准备。
- ◆ 提前发布公告，告知业主及施工单位电梯的使用情况。
- ◆ 制订业主搬家方案与房屋装修方案，沟通业主与施工单位按照方案中的流程执行。

知识看板

业主在遇到上述情况时，通常不会有什么好脾气，如果直接投诉到物业客户服务中心，客户服务人员要耐心等待业主发泄情绪，不要急于打断。待业主情绪稳定后，再与其解释搬家使用电梯需要预约的重要性，也是为了更好地服务小区业主和管理好公共设施，避免导致混乱。

虽然施工单位在搬运装修材料时占用电梯，但装修房屋的业主提前进行过预约，于情于理都应该让其先使用电梯。同时，指引其查看住户手册、入户指南等文件中关于"电梯预约"的说明。

在和业主讲完道理后，为了更好地安抚业主的情绪，物业客户服务中心应积极配合业主的搬家工作，安排人员协助其进行搬家。其实，物业客户服务中心在给业主发放住户手册、入住指南等文件时，一定要给业主介绍清楚关于搬家、电梯使用等事项，让其提前做好相关准备，从而避免不必要的纠纷，减少类似投诉。

6.1.3 业主未交维修资金要求收房被拒

典型实例

某小区建设完成后,通知各业主前来收房,但李女士在收房过程中却遇到了问题,物业客户服务人员要求其出示专项维修资金缴纳证明,李女士说暂时未办理,准备后期找个时间再去办理。

物业客户服务人员告知李女士:"根据相关收房规定及本小区收房流程,如果业主未缴纳专项维修资金,则暂时无法收房。"李女士听后非常生气,质问物业客户服务人员:"我自己花钱买的房子,为什么不能收?"并在收房现场大吵大闹,严重影响现场秩序及其他业主。

实例解析

实际上,房屋维修基金包括房屋公用设施专用基金和房屋本体维修基金,住房公用设施专用资金主要用于物业共用部位、公用设施及设备的更新、改造等项目,不得挪作他用。我国房屋维修金制度开始于1998年,在2004年演变为房屋办理产权证时必须缴纳的费用。

按照2008年实施的《住宅专项维修资金管理办法》规定,公共维修基金专门用于小区公共设施的维修,归全体业主共有,不缴纳住宅专项维修资金是无法办理交房手续的。

在物业管理过程中,如果出现以下几种情况,物业公司可以启动应急维修程序。

- ◆ 物业管理区域内发生屋面、外墙防水严重损坏。
- ◆ 电梯发生故障影响正常使用需立即维修。
- ◆ 消防设施存在重大火灾、安全隐患需立即维修。
- ◆ 建筑外立面装饰和公共构件严重脱落松动。
- ◆ 玻璃幕墙炸裂。
- ◆ 排水管道爆裂。

- 地下车库雨水倒灌。
- 其他可能造成人身安全事故的紧急情况等情形。

此外，部分费用不得从维修资金中列支，常见的情况如下所示。

- 依法应当由建设单位或者施工单位承担的住宅共用部位、共用设施设备维修和更新、改造费用。
- 依法应当由相关专业经营单位承担的供水、供电、供气、供热、通信、有线电视、宽带数据传输等管线和设施设备的维修、养护费用。
- 规划上专属于特定房屋，且建设单位销售时已经根据规划列入该特定房屋买卖合同中的露台、庭院等部位的维修费用。
- 因人为损坏及其他原因应当由当事人承担的鉴定、修复费用。
- 根据物业服务合同约定，应当由物业服务企业承担的维修和养护费用。

在本案例中，物业客户服务人员面对李女士不交纳住宅专项维修资金却要强行收房的情况时，不必感到惊慌，这完全是李女士无理取闹。不过，当前处于楼盘集中交付状态，考虑到这种情况可能对交房工作产生不良影响，物业客户服务中心应该灵活处理，协商李女士前往提前准备好的会客室进行沟通，并视情况启动应急预案。

知识看板

根据《住宅专项维修资金管理办法》第十二条的规定：商品住宅的业主应当在办理房屋入住手续前，将首期住宅专项维修资金存入住宅专项维修资金专户。已售公有住房的业主应当在办理房屋入住手续前，将首期住宅专项维修资金存入公有住房住宅专项维修资金专户或者交由售房单位存入公有住房住宅专项维修资金专户。公有住房售房单位应当在收到售房款之日起30日内，将提取的住宅专项维修资金存入公有住房住宅专项维修资金专户。

《住宅专项维修资金管理办法》第十三条的规定：未按本办法规定交存首期住宅专项维修资金的，开发建设单位或者公有住房售房单位不得将房屋交付购买人。

新购买商品住宅的业主，首期维修资金由原来交房前提至项目竣工综合验收备案前一次性足额交存，建设单位应当在购房合同中约定按照相关规定交存维修资金，并督促业主交存。如果业主不按照规定交存首期维修资金，建设单位可以拒绝向业主交房，不动产权登记部门不予受理产权登记申请。

6.1.4　业主无法前来收房，委托亲属代为收房

典型实例

某小区业主柳先生因工作原因在外省出差，无法在交房通知书上约定的日期到现场收房，于是其父母前往现场代为收房。

物业客户服务人员协助开发商接待了柳先生的父母，在验证他们的身份时发现不是购房合同中约定的业主本人，于是询问他们是否有书面授权委托书与关系证明文件，均得到否定。

随后，物业客户服务人员对柳先生的父母表示抱歉，并耐心解释他们无法替柳先生收房。但两位老人的情绪立即变得很激动，直接表示"我们为什么不能给自己的儿子收房？"并大闹收房现场。

实例解析

很多初次购买商品房的业主，可能对收房流程不是很清楚，在遇到自己不能前往现场收房的情况时，往往会选择联系亲戚朋友代为收房。

在收房实践中，亲属代为收房的情况比较多，这在实际操作中是可行的，但需要业主签署"授权委托书"，然后由委托人带着"授权委托书"及相关资料前往现场代为收房。而本案例中，柳先生的父母在代为收房时，不仅没有关系证明文件，也无法出示收房的"授权委托书"，所以物业客户服务人员拒绝为其办理收房属于正确操作。

不过，物业客户服务人员也可以灵活操作，不要以"不是业主本人授权不能收房，必须拿着授权委托书来办理"等言语直接拒绝，而应该将

柳先生父母引至会客室，耐心向其解释，并联系柳先生本人，向其说明情况，取得柳先生及其父母的理解。甚至可以陪同柳先生父母先去看房，满足其对新房的好奇，不能让老人白跑一趟，为以后的服务打下良好基础。

知识看板

在正式交房前，开发商会向业主寄出交房通知书，这是通知业主进行交房活动的书面材料。作为通知材料，交房通知书为书面形式，并通过邮政快递寄送。

如果业主没有按照交房通知书上的指定日期和地点办理交房事宜，也没有及时联系开发商，超过约定期限将会视为自动收房，物业管理费也自交房日起产生，一切责任由业主承担。

当然，房屋交付通知书不是通知接房，而是提醒业主可以收房了，业主可以按照通知书上面的日期和地点进行验收。如果业主无法按照约定日期收房，则可以委托他人办理，但需要签署收房的"授权委托书"，如下所示为"授权委托书"的示例。

收房授权委托书

委托人：陈××，男，出生于××年××月××日，身份证住址：××省××市××路，身份证号码：××××××××。

委托人：刘×，女，出生于××年××月××日，身份证住址：××省××市××路，身份证号码：××××××××。

受托人：吴××，男，出生于××年××月××日出生，身份证住址：××省××市××路，身份证号码：××××××××。

委托人陈××、刘×系夫妻关系，位于××市××区××号××栋××楼××号房屋【见××房权证监证字第××号、××《房屋所有权证》】属于两名委托人共同所有。现两名委托人因工作原因无法前往现场收房，特全权委托吴××为代理人，办理如下事宜：

一、代为办理房屋按揭贷款的利率优惠事宜。

二、代为结清房屋按揭贷款余款后解除抵押登记，领取房屋抵押在银行的手续，并办理、领取房屋的产权证、国土证。

三、代为办理房屋退保的一切手续。

四、代为办理房屋的地址或产权面积变更及增加共有人的相关手续，并领取新的产权证、国有土地使用证及查档等相关事宜。

受托人在办理上述事宜时，有权在相关文件上签字。

受托人有转委托权。

委托期限：至上述事宜办结止。

委托人：陈××、刘×

日期：××年××月××日

6.2 装修管理投诉

在业主购买房屋之后，物业公司首先面对的往往是装修管理投诉问题，而这些问题常发生在邻里之间，此时更加考验物业客户服务人员的沟通能力与协调能力。面对业主的装修管理投诉，如果物业客户服务中心处理不好，业主往往会向上一级单位投诉，从而将事态扩大，更加难以处理。

6.2.1 业主投诉装修噪声影响休息

典型实例

刚刚搬进某小区的郭女士，还没住多久就遇到了令人头疼的房屋装修噪声问题，因为楼上的住户装修快两个月了，每天早上 8:00 不到、下午 2:00 点不到就施工，甚至周六、周日也不休息，一直在敲打不停。郭女士曾经上楼与住户沟通过，安静了几天后又开始不在规定的时间内装修，甚至装修的噪声更大，吵得郭女士全家脑袋疼。在忍无可忍的情况下，郭女士前往物业客户服务中心对楼上住户进行投诉，希望物业客户服务中心加强装修管理。

物业客户服务中心立即安排人员前去核实，确认郭女士的投诉的情况属实后，以物业客户服务中心与业主签订的装修管理服务协议为依据，要求装修公司立即停止非施工时间的噪声施工。不过，物业客户服务人员前脚刚走，装修公司又开始噪声施工，于是物业客户服务中心根据装修管理服务协议中的规定对其进行处罚，并发出严重警告，如果不听劝阻，将做出清场处理。

实例解析

装修噪声管理是装修管理中比较难处理的工作，通常物业公司会在装修管理文件中对装修时间进行说明，法定节假日、周末不能进行装修施工，工作日的装修时间为 8:00 ~ 12:00、14:00 ~ 18:00，其他时间段不能装修。另外，白天装修噪声规定在 60 分贝，晚上装修规定在 50 分贝，如果大于 60 分贝则属于噪声，业主有权投诉装修住户。

在本案例中，郭女士楼上的住户在 8:00 之前、14:00 之前都在施工，违反了相关规定。如果在非装修时间段施工产生了噪声，则会造成扰民行为，物业客户服务中心需要先安抚受到影响的业主，然后晓之以理、动之以情让噪声停止。拒不整改的，留存相关证据，协助报警处理。对于物业客户服务中心来说，出现装修噪音纠纷问题，应该使用"法、理、情"的手段处理解决。

当然，物业客户服务中心应提前统计各业主的装修时间，在施工之前，跟周围的业主打好招呼，希望获得他们的理解。物业客户服务中心也应该发挥自己的沟通协调能力，尽量少找派出所或其他部门干预，以免小事变大，影响业主之间的融洽关系，妨碍以后管理工作的顺利开展。

知识看板

根据《噪声污染防治法》第六十六条的规定：对已竣工交付使用的住宅楼、商铺、办公楼等建筑物进行室内装修活动，应当按照规定限定作业时间，采取有效措施，防止、减轻噪声污染。

《住宅室内装饰装修管理办法》第二十六条的规定：装饰装修企业从事住宅室内装饰装修活动，应当严格遵守规定的装饰装修施工时间，降低施工噪声，减少环境污染。

业主具体在哪个时段可以装修，哪个时段不能装修，并没有做出明确的规定，但授予了小区物业公司根据小区入户的基本情况，灵活制定管理规范，并且物业公司应在小区的管理规范中向业主明确。

而业主对装修中出现的噪声行为有权进行投诉。所以业主在发现有人在物业规定的非装修时间内进行装修活动时，有权向物业公司进行投诉，要求物业公司进行协商处理。如果物业公司不配合处理，噪声问题没有得到解决，业主还可以进一步向有关部门维权。

6.2.2　业主投诉楼上装修导致天花板漏水

典型实例

某日，刚搬进新房不久的李先生发现自家天花板出现渗水现象，而最近楼上的住户一直在装修，所以李先生怀疑是楼上装修导致的渗水。

于是李先生找到楼上住户与其进行沟通，要求他们检查漏水点并对自己的损失进行赔偿，但楼上住户态度并不好，只是敷衍的回复会尽快处理，李先生等待了几天，也不见楼上住户就漏水一事采取任何行动。

迫于无奈，李先生只好向物业客户服务中心投诉。物业客户服务人员了解情况后上门查看，确认是楼上住户的厨房没有做好防水工作，从而出现漏水现象。

在证据明确且物业客户服务人员积极沟通的情况下，楼上住户同意立即敲掉厨房的地砖重新做防水工作，并安排人员对李先生家的天花板进行粉刷。另外，李先生及其家人需要外出住酒店，这期间产生的费用由楼上住户支付。

实例解析

装修新房最怕的就是出现漏水现象，这不仅意味着装修出了很大问题，需要重新装修或修补，而楼上漏水还会造成楼下损失，给楼下住户的日常生活带来较大影响。

业主家天花板漏水肯定不是物业公司导致，但因为物业公司疏于管理，或是出现问题没有及时处理，导致损失扩大或出现了更严重的问题，则需要物业公司承担相应责任。因此，物业公司需要加强管理，定期进行检查和清理管道。另外，物业客户服务人员还需要清楚业主家天花板漏水的几种情况，如下所示。

- ◆ 天花板在开发商施工时，会进行一道防水处理，如果楼上住户在装修过程中没有改变原施工状态，出现漏水情况则属于施工质量问题，物业公司需要联系开发商进行售后处理。

- ◆ 如果楼上住户在装修过程中破坏了原防水工程，出现漏水情况时，物业公司可以要求楼上住户承担责任。如果楼上住户故意拖延不解决，则可以向法院起诉，要求楼上住户维修并赔偿损失。

- ◆ 如果楼上的房屋处于出租状态，租户未按照租赁合同的要求，私自改建或其他原因导致漏水，物业公司应要求租户承担相应责任。

在本案例中，李先生家的天花板漏水是因为楼上用户装修导致，因此物业公司应协助李先生向楼上住户进行沟通，要求其承担相应责任，不仅需要使天花板恢复原样，还要赔偿李先生及其家人这段时间日常生活所产生的费用。

知识看板

根据《物业管理条例》第五十二条的规定：业主需要装饰装修房屋的，应当事先告知物业服务企业。物业服务企业应当将房屋装饰装修中的禁止行为和注意事项告知业主。

业主在装修房屋时，如果物业公司发现装修中存在违规行为，应该通知业主立即停止施工并整改，如果业主拒不停止或者拒不改正的，物业应该及时通知相关的行政部门依法处理。

根据《民法典》第二百八十八条的规定：不动产的相邻权利人应当按照有利生产、方便生活、团结互助、公平合理的原则，正确处理相邻关系。

《民法典》第二百九十六条的规定：不动产权利人因用水、排水、通行、铺设管线等利用相邻不动产的，应当尽量避免对相邻的不动产权利人造成损害。

因楼上住户装修造成楼下出现天花板漏水情况，物业公司在检查现场并确定事实后，可以与楼上住户友好沟通，协商如何解决问题，如果无法达成一致，诉讼也是一种维权的方式。

根据《民法典》第九百三十七条的规定：物业服务合同是物业服务人在物业服务区域内，为业主提供建筑物及其附属设施的维修养护、环境卫生和相关秩序的管理维护等物业服务，业主支付物业费的合同。

在本案例中，身为业主的李先生与物业公司签订了物业服务合同，秉持着协商一致、诚信交易的前提下，物业公司应为李先生提供建筑设施等维修服务。因此，李先生在遇到天花板漏水情况时，可以直接向物业客户服务中心寻求帮助。

6.2.3 业主投诉小区地下室建筑垃圾成堆

典型实例

家住某小区的唐女士向物业客户服务中心投诉，6栋1单元的地下室电梯口建筑垃圾堆积、臭气熏天，对所在楼栋的住户出入造成影响，希望物业客户服务中心做好建筑垃圾的管理工作。物业客户服务中心在接到投诉后，立即派人前往现场查看，在确定情况属实后，立即联系装修单位对建筑垃圾进行清理，并检查周围建筑是否有损坏。

建筑垃圾清理完成后，物业客户服务人员找到装修房屋的业主与装修单位，与其沟通以后不再出现这类情况，装修所产生的建筑垃圾应运至规定的临时堆放点，不然将禁止施工人员进场。随后，物业客户服务人员前往唐女士家，向其表示感谢和歉意，感谢其关心小区公共环境管理，并对物业公司未及时发现建筑垃圾随意堆放表示歉意。同时，表明物业公司的立场，让业主知道物业客户服务中心是有责任心的。

实例解析

有装修就会产生建筑垃圾，很多装修单位或业主为了图方便，总是先将装修垃圾堆放在楼道或地下室，堆够一车再拉走。但这完全忽略了其他业主的感受，楼道、地下室属于公共区域，归属于所有业主，所以不能对他们的生活产生影响。

在本案例中，物业客户服务中心在接到投诉的第一时间赶赴现场核实情况，责令相关装修公司立即进行整改，并对垃圾进行了清理。同时，物业客户服务中心对地下车库进行全面排查，杜绝类似现象发生。

为了给业主装修提供便利，物业公司应设置装修垃圾临时堆放点，并张贴温馨提示，对小区业主和装修人员上门通知，告知相关管理要求。此外，物业客户服务人员还应督促装修人员规范建渣卸载方式，减少扬尘产生，加大巡查监管力度，发现违规堆放装修垃圾的情况及时劝阻、制止。

知识看板

根据《住宅室内装饰装修管理办法》第十二条的规定：装修人和装饰装修企业从事住宅室内装饰装修活动，不得侵占公共空间，不得损害公共部位和设施。

第二十七条的规定：住宅室内装饰装修过程中所形成的各种固体、可燃液体等废物，应当按照规定的位置、方式和时间堆放和清运。严禁违反规定将各种固体、可燃液体等废物堆放于住宅垃圾道、楼道或者其他地方。

第三十四条的规定：装修人因住宅室内装饰装修活动侵占公共空间，对公共部位和设施造成损害的，由城市房地产行政主管部门责令改正，造成损失的，依法承担赔偿责任。

由此可知，业主与装修单位在装修过程中产生的装修垃圾，不能堆放在公共区域，更不能对其他业主的生活产生影响，必须将其转运到物业公司规定的临时堆放点。

俗话说，没有规矩不成方圆，装修垃圾的管理还须从源头下手，物业公司需要确定好管理规则，然后积极去落实，及时向小区住户发出通告，倡导大家遵守装修管理规则，牢固树立安全意识，为打造文明和谐宜居社区贡献力量。

6.2.4 业主投诉楼下安装外置防盗窗

典型实例

李先生家住某小区 3 楼，某天李先生发现 2 楼的邻居吴先生正在窗户外面安装防盗窗，其凸出窗外许多。李先生担心楼下安装防盗窗很容易成为小偷攀爬的梯子，让室外的小偷轻松进入自己家中。于是，李先生当场劝阻吴先生继续安装防盗窗，但是没有获得预期的效果，楼下执意要安装。

考虑到楼下安装防盗窗，会给自己家里带来较大安全隐患，李先生只能前往物业客户服务中心投诉，物业客户服务中心立即安排人员到现场进行查看，发现李先生楼下确实安装了凸出式防盗窗和雨棚。于是，物业客户服务人员拿出了与业主签订的住宅室内装饰装修管理服务协议，其中有一项明确规定：为了小区外观的统一和美观，请不要私自在窗外加装防盗网，但允许在窗户内侧安装防盗网或在窗外安装不凸出墙面的防盗网，并需要按物业公司统一要求，方可制作安装。

为此，吴先生只能拆除自家的防盗窗和雨棚，排除对楼上的妨害，消除危害，并当面对李先生表示歉意，最终获得李先生谅解。

实例解析

在城市生活，很多业主都会在自己家窗户外面安装防盗窗。因为小区盗窃案居高不下的原因之一，大部分不法分子就是利用业主的麻痹大意、门窗不牢等漏洞乘虚而入，所以很多业主都会为了安全考虑安装防盗窗。

在本案例中，吴先生只是考虑自己家里安全，却没有考虑到会给楼上造成危险。

通常情况下，物业公司会规定防护窗规格不可超出窗户外延，如果业主私自加装的防盗窗超出窗户外延大半，不仅对小区其他业主房屋造成巨大安全隐患，还会严重影响小区外立面美观，对市容市貌也会造成不良影响。

知识看板

根据《民法典》第二百三十六条的规定：妨害物权或者可能妨害物权的，权利人可以请求排除妨害或者消除危险。

第二百三十七条的规定：造成不动产或者动产毁损的，权利人可以依法请求修理、重作、更换或者恢复原状。

第二百三十八条的规定：侵害物权，造成权利人损害的，权利人可以依法请求损害赔偿，也可以依法请求承担其他民事责任。

第二百八十八条的规定：不动产的相邻权利人应当按照有利生产、方便生活、团结互助、公平合理的原则，正确处理相邻关系。

第二百九十五条的规定：不动产权利人挖掘土地、建造建筑物、铺设管线以及安装设备等，不得危及相邻不动产的安全。

也就是说，楼下的邻居安装防盗网凸出墙面很多，已经影响到了楼上的安全，楼上业主可以要求对方拆除给自己造成不安全因素的防盗网，并要求赔偿。

6.3 环境管理投诉

小区环境对住户的居住舒适度和安全性有很重要的影响，而小区的环境与物业管理息息相关。如果业主对小区环境产生不满情绪，就会对物业公司进行投诉，若不能及时有效地处理好这类投诉，必将影响业主和物业公司之间的关系。因此，物业公司需要维持好小区环境，从而适合业主居住。

6.3.1 业主投诉有人经常在楼道乱粘贴广告

典型实例

在某小区的楼道和电梯内，甚至是业主家的门上常常被各类"野广告""牛皮癣"侵占，有些内容不堪入目，严重破坏了小区环境。

刘女士家的门上就常常出现开锁、维修家电、疏通下水道、代办信用卡等小广告，使用各种办法都无法完全清理，刘女士对这种不文明行为十分反感。

于是，刘女士前往物业客户服务中心投诉，希望物业客户服务中心加强对进出小区人员的管理，并加强小区巡逻，严惩这类乱贴小广告的人员。

物业客户服务人员对刘女士的投诉表示感谢，并承认物业公司在处理这类问题时的力度不够，后续将加强小区来访人员的管理，做好访问登记，对于乱粘贴广告的个人或单位，进行言语教育，不听劝导的直接拉入"黑名单"，严格限制其进入小区。

同时，物业公司安排专人定期清理小区违规粘贴的各类广告，保证业主良好的生活环境，在此基础上，不断开展对业主及其家人的宣传工作，让其提高防范意识，对小广告说不，避免上当受骗。

实例解析

部分个体经营实体因广告费用高、不法分子为虚假宣传等，都采用小广告的方式，在小区内的墙壁、楼道、护栏等处随意粘贴广告。这被统称为城市的"牛皮癣"，属于严重的视觉污染，增加物业公司的管理成本。

在本案例中，针对"牛皮癣"小广告，物业公司前期并没有特别积极处理。当业主投诉后，物业公司开始重视此类问题，并加强管理。其实，处理小广告还有一些其他实用的办法，例如小区实行封闭管理和楼道安装电子门、在小区内及单元门口设置广告粘贴栏、在业主QQ群或微信群发布业主的广告信息等。

知识看板

根据《城市市容和环境卫生管理条例》第十七条的规定：一切单位和个人，都不得在城市建筑物、设施以及树木上涂写、刻画。单位和个人在城市建筑物、设施上张挂、张贴宣传品等，须经城市人民政府市容环境卫生行政主管部门或者其他有关部门批准。

《城市市容和环境卫生管理条例》第三十四条的规定：有下列行为之一者，城市人民政府市容环境卫生行政主管部门或者其委托的单位除责令其纠正违法行为、采取补救措施外，可以并处警告、罚款。

①随地吐痰、便溺，乱扔果皮、纸屑和烟头等废弃物的。

②在城市建筑物、设施以及树木上涂写、刻画或者未经批准张挂、张贴宣传品等的。

③在城市人民政府规定的街道的临街建筑物的阳台和窗外，堆放、吊挂有碍市容的物品的。

④不按规定的时间、地点、方式，倾倒垃圾、粪便的。

⑤不履行卫生责任区清扫保洁义务或者不按规定清运、处理垃圾和粪便的。

⑥运输液体、散装货物不做密封、包扎、覆盖，造成泄漏、遗撒的。

⑦临街工地不设置护栏或者不做遮挡、停工场地不及时整理并作必要覆盖或者竣工后不及时清理和平整场地，影响市容和环境卫生的。

根据《中华人民共和国治安管理处罚法》第四十九条的规定：盗窃、诈骗、哄抢、抢夺、敲诈勒索或者故意损毁公私财物的，处五日以上十日以下拘留，可以并处五百元以下罚款；情节较重的，处十日以上十五日以下拘留，可以并处一千元以下罚款。

在小区内乱涂乱贴的小广告，增加了小区污染，对小区环境造成不良影响。很多小广告是关于"急需用钱办理""追讨借款""提取医保卡金额"的，包含了太多虚假信息，很多住户被此类诈骗小广告骗走了钱财，这些商户本身就属于违法经营行为。即便是合法经营内容，随意粘贴广告也是违法。

另外，随意粘贴喷涂"小广告"的行为，还涉嫌构成故意损毁公私财物，可处拘留并处罚金。

因此，物业公司需要加大"牛皮癣"的整治力度，对非法乱贴小广告者将施行"零容忍"，甚至可以报警处理。

6.3.2 业主投诉走廊摆放鞋柜、婴儿车等

典型实例

袁女士和王先生是某小区高层住宅中的邻居，两家房门所在的空间大约3平方米。袁女士对房屋进行装修时，发现王先生将鞋柜摆在了自家门口正对面，每次打开大门都能看到鞋柜，门口到电梯的通道上还堆放着婴儿车、儿童车等。

袁女士认为这些东西严重影响了自己的生活环境，要求王先生尽快搬走，腾出公共空间，但王先生态度比较强硬，不同意搬走鞋柜、婴儿车以及儿童车等。王先生认为，这属于他的家门口，两家都有使用的权利，虽然他拿来放生活物品，但也没有阻止袁女士使用。

沟通没有达成一致结果后，袁女士只好前往物业客户服务中心投诉，要求物业客户服务中心对该问题进行处理，消除安全隐患。因为这不仅是王先生全家人的鞋子影响到她的生活，鞋柜摆在消防通道上，直接堵住了逃生通道，如果物业客户服务中心不能圆满处理该问题，自己就拒绝交纳物业管理费。

袁女士表示，王先生家的鞋柜正对着她家门口，每天都对着王先生全家人的鞋子，她的生活受到了严重影响！而且，鞋柜放在消防通道也是不对的，如果发生地震倒下来了，逃生通道就堵上了。再者，消防法也规定

了个人不得占用和堵塞安全出口,现在王先生在楼道里放这么多杂物,发生火灾怎么办?

于是,物业客户服务中心立即安排相关人员进行现场勘查,发现两户房产均处于同一消防门内,并共用一条消防通道。为了消除安全隐患,物业客户服务中心要求王先生将门前通道上所放置的鞋柜及其他物品进行清理,因为"共有"不等于"专有",王先生在确保安全的情况下要使用公共区域,必须征得袁女士的同意。

实例解析

目前,很多小区的单元楼楼层都有公共通道,方便业主通行。但很多业主为了方便,都会在公共通道摆放自家的东西,最多的就是鞋柜或者小孩的用具。有时几个邻居都摆放,只要不影响通行,大家彼此也没有意见。但部分业主不仅在门口搭建鞋柜,还会在楼梯口摆放其他物品,不仅占用消防通道,还会影响通行,这就会引起其他业主投诉。

在本案例中,王先生未提前与袁女士沟通,直接将鞋柜安置在公共区域,将小孩子的用具堆放在电梯通道口,这与物业管理服务规范标准是相违背的。对于王先生的这种行为,物业公司没有执行权,只能通过劝告的方式来对待,不断与其进行积极沟通,直到他妥协为止。当然也可以通过诉讼的方式解决,不过这样可能会破坏与业主之间的关系,也会影响到业主的邻里关系。

知识看板

根据《最高人民法院关于审理建筑物区分所有权纠纷案件适用法律若干问题的解释》(法释〔2020〕17号)第三条的规定:除法律、行政法规规定的共有部分外,建筑区划内的以下部分,也应当认定为《民法典》第二编第六章所称的共有部分。

①建筑物的基础、承重结构、外墙、屋顶等基本结构部分,通道、楼梯、大堂等公共通行部分,消防、公共照明等附属设施、设备、避难层、设备

层或者设备间等结构部分。

②其他不属于业主专有部分，也不属于市政公用部分或者其他权利人所有的场所及设施等。

建筑区划内的土地，依法由业主共同享有建设用地使用权，但属于业主专有的整栋建筑物的规划占地或者城镇公共道路、绿地占地除外。

《民法典》第二百八十八条的规定：不动产的相邻权利人应当按照有利生产、方便生活、团结互助、公平合理的原则，正确处理相邻关系。

《中华人民共和国消防法》（简称《消防法》）的第二十八条的规定：任何单位、个人不得损坏、挪用或者擅自拆除、停用消防设施、器材，不得埋压、圈占、遮挡消火栓或者占用防火间距，不得占用、堵塞、封闭疏散通道、安全出口、消防车通道。人员密集场所的门窗不得设置影响逃生和灭火救援的障碍物。

也就是说，业主自家房屋门外的通道属于共有部分，应该按照通道本身的使用功能进行使用，不能占道将"共有"变"专有"。袁女士与王先生门前的公共通道属于建筑物共有部分，他们对此享有共同使用与管理的权利，应该合理使用。当然，建筑物内的走道、安全出口均严禁堆放物品，避免遇火灾险情时成为逃生和灭火救援的障碍，对全体业主的生命财产安全造成重大隐患。

6.3.3 业主投诉小区高空抛物现象

典型实例

某小区存在高空抛物的情况，但因为没有安装监控，也无证人现场看到等原因，暂时不能断定具体是谁所为。虽然高空抛物还尚未直接造成人员受伤，但楼上扔下来的垃圾却影响着小区的整体环境，也让住户每天担惊受怕，给正常生活造成了极大的困扰。

一天，业主刘先生送孩子上学时，突然楼上扔下来一包垃圾，虽然没有被砸到，却被吓得不轻，垃圾也散落一地，让人觉得恶心。于是，刘先生前往物业客户服务中心进行投诉，希望物业客户服务中心能加强高空抛物的管理。

物业客户服务中心接到业主的投诉后，立即安排人员挨家挨户进行排查，但因为缺乏证据，并没有找到高空抛物者，却收到很多住户的反映，大家都对这种高空抛物的现象深恶痛绝。

于是，物业客户服务中心不仅在每栋小区门口张贴了"禁止高空抛物"的标语，在告示栏上也张贴有"杜绝高空抛物"的公告，之后也在高空抛物高发场所安装摄像头等。同时，物业客户服务中心还挨家挨户提醒住户要认识到高空抛物的危险性，不仅影响居住环境，还存在很大的安全隐患。

实例解析

高空抛物对物业客户服务中心来说是一件头疼的事情，因为小区住户的素质参差不齐，从楼上向楼下扔垃圾、丢杂物的行为时有发生，如泼水、抛生活垃圾、纸盒、饮料瓶、香烟头，这不仅影响到了住户的生活环境，还容易造成人身伤害，甚至引发火灾。

从本案例中可以看出，物业客户服务中心需要扮演好指导员与宣传员的角色，将高空抛物治理工作由"被动防治"向"主动出击"转化，防治与宣传并举，教育、引导住户争做文明社会公民，让其意识到清爽干净的生活环境是居住舒心的基本条件，让那些有随手抛物习惯的住户能管住双手，共同创造安全、文明的生活环境。

知识看板

根据《民法典》第一千二百五十四条的规定：禁止从建筑物中抛掷物品。从建筑物中抛掷物品或者从建筑物上坠落的物品造成他人损害的，由侵权人依法承担侵权责任；经调查难以确定具体侵权人的，除能够证明自己不是侵权人的外，由可能加害的建筑物使用人给予补偿。可能加害的建筑物使用人补偿后，有权向侵权人追偿。物业服务企业等建筑物管理人应当采取必要的安全保障措施防止前款规定情形的发生；未采取必要的安全保障措施的，应当依法承担未履行安全保障义务的侵权责任。发生本条第一款规定的情形的，公安等机关应当依法及时调查，查清责任人。

物业公司需要加强宣传，从而提高住户对高空抛物危险性的认知度，以彻底解决存在的安全隐患。当然，杜绝高空抛物问题不能只靠物业客户服务中心在防范方面做出努力，更需要每位住户从自身做起，共同维护和谐文明的居住环境。

6.4 房屋管理投诉

近年来，随着城市建设速度的加快，小区房屋管理投诉事件呈现增长趋势。物业客户服务中心应以住户对房屋管理满意度为导向，着力解决影响房屋管理的问题，全力做好小区房屋管理的投诉工作。

6.4.1 业主投诉小区天台被顶层住户占用

典型实例

陈女士某日到小区楼顶晒被子，结果发现通往楼顶的大门被锁上，需要钥匙打开才能前往天台，打听后得知顶层业主李先生在入住后就将大门锁住了，然后改建成私人领域，种植了不少花草，没有经过他的允许，其他人没法上到楼顶天台。

除了生活不便，陈女士还考虑到消防安全问题，因为顶层大门上锁后，一旦发生火灾，上层住户无法通过天台逃生。陈女士尝试与李先生沟通，指出他封闭顶楼并种植花草不合规定，不过李先生却认为，自己住在小区的最上层，楼顶的天台理所应当归自己所有，修建花园鱼池或堆放杂物等，都由自己说了算，其他人无权干涉。

此时，陈女士只能找到物业客户服务人员，希望他们从中调解，让李先生将楼顶恢复原样，并打开通往楼顶的大门。

于是，物业客户服务人员前往现场查看，此时顶层平台封闭楼道、改建消防门、在天台种花种菜、在天台搭篱笆栅栏阳伞秋千等。由于天台的绿植非常茂密，蚊虫滋生也非常严重。

虽然物业客户服务中心没有执法权，但为了小区整体环境与住户安全，物业客户服务人员还是耐心与李先生沟通，最终李先生同意拆除楼顶小花园，并由物业客户服务人员协助清理建筑废料，天台恢复原状。

实例解析

在城市生活中，顶楼住户在楼道加铁门上锁、在天台搭建小花园等情形是比较常见的，但这种操作是否合法呢？根据城市规划建设的相关规定，建筑物的楼顶属于全体业主共有，不归属于顶层业主所专有使用。因此，楼顶空间的占有、使用、收益及处分，都是全体业主的权利，由全体业主共同支配，任何人未经报建不得擅自占用。

在本案例中，因为李先生在小区天台种养或搭建的行为，实质上侵犯了其他业主的公共利益，所以物业客户服务中心收到投诉并派人对现场进行确认后，立即与李先生沟通，对楼顶建筑进行拆除，并禁止擅自占用楼顶空间。

另外，高层建筑楼顶建有消防池、消防通道等公用设施，擅自种养、搭建将给整个小区的消防安全带来诸多威胁。

知识看板

根据《民法典》第二百七十一条的规定：业主对建筑物内的住宅、经营性用房等专有部分享有所有权，对专有部分以外的共有部分享有共有和共同管理的权利。

《民法典》第二百七十二条的规定：业主对其建筑物专有部分享有占有、使用、收益和处分的权利。业主行使权利不得危及建筑物的安全，不得损害其他业主的合法权益。

由此可知，楼顶的所有权应归业主共同享有。如果在销售合同中没有约定楼顶归属，则更应推定为业主共有，属于区分所有建筑物结构上的法定共有部分。如果有业主擅自占用业主共有的部分或者是改变其使用功能，那么其他业主有权请求排除妨害然后恢复原状。

6.4.2 业主投诉雨水管倒灌造成室内浸水

典型实例

某小区开发商向蒋先生交付了 5 栋 1 单元 102 室房屋，××物业公司为该小区提供物业管理服务。

5 月 15 日，因该幢房屋污水管污水堵塞，污水倒灌至 202 室阳台及客厅并渗漏至 102 室，由于蒋先生长期不在家，待回家发现时，102 室的客厅已经出现墙体发霉、木地板发霉起鼓等问题。于是蒋先生找到 202 室的业主，但该业主不认为是自己的责任，导致沟通不成。

随后，蒋先生联系到物业客户服务中心，要求他们进行处理。物业客户服务中心接到电话后，立即安排维修人员带着工具赶往现场处理，通过现场排查，维修人员认定是排水管道铺设问题导致污水倒灌至 202 室的阳台，并渗漏至 102 室的阳台及客厅，导致蒋先生出现相关财产损失。

目前，蒋先生的房屋还处于保修期内，而该起事件是因为排水管安装不当导致管道堵塞，恰好遇到连续多日的大雨，最终出现污水倒灌。因此，物业客户服务中心可以协助业主，向开发商申请赔偿。

实例解析

针对业主房屋因管道堵塞导致浸水，物业客户服务中心可以根据以下情况进行处理。

- ◆ 在保修期内出现损失，可以基于房屋买卖合同向开发商主张赔偿。通常情况下，房屋买卖合同中会对保修期进行约定，一般约定电气管线、给排水管道、设备安装和装修保修期为两年，管道堵塞保修期为两个月。

- 物业公司未尽到管道维护义务,导致管道堵塞造成的损失,业主可以基于物业服务合同约定向物业公司主张赔偿。通常情况下,物业公司负责共用设施设备的日常运行和维修养护,物业共用部位和相关场地的清洁卫生服务。
- 污水从楼上渗漏至楼下,造成损害的,楼下业主可向楼上业主主张赔偿。

在本案例中,排水管道的保修期是两年,蒋先生家被污水浸泡,还处于保修期内,所以需要由开发商对蒋先生的损失进行赔偿。通过物业管理中心与开发商进行沟通,开发商认可物业公司维修人员的检测结果,并同意赔偿蒋先生的损失。

知识看板

根据《民法典》第二百七十四条的规定:建筑区划内的道路,属于业主共有,但是属于城镇公共道路的除外。建筑区划内的绿地,属于业主共有,但是属于城镇公共绿地或者明示属于个人的除外。建筑区划内的其他公共场所、公用设施和物业服务用房,属于业主共有。

《物业服务合同》一般会约定业主共用的上下水管道、落水管的维修、养护和运行管理等由物业公司负责,雨水管的日常养护管理属物业公司职责范围。

污水管道属于公共设施,由物业公司负责保养、维修,但不包括业主恶意造成的管道堵塞。如果因为业主人为造成的管道堵塞,则应该由业主自行负责维修。另外,在物业公司与业主签订的房屋装修合同中,通常也会对装修进行要求,禁止将装修垃圾倾倒至各类排水管道中。

6.4.3 业主投诉空调存在安全隐患

典型实例

某小区已经有 10 年的房龄,小区修建过程中并没有设计专门的空调安装位置，很多业主都通过支架将空调外机固定在房屋外墙。近期，王女士开窗时，无意中看到楼下住户的空调支架生锈很严重，存在非常大的安全隐患。

发现这个问题后，王女士感觉不寒而栗，想到楼下是4楼，而空调外机下是小区居民必经的巷子，总担心支架有一天会承受不住。于是，王女士时刻提醒楼下邻居尽快更换支架，每逢刮风下雨，经过巷子的人都特别小心。但几个月过去了，迟迟不见邻居更换支架，并开始对王女士恶语相向，认为她是多管闲事，王女士只得向物业客户服务中心投诉：小区很多业主家的空调支架已严重腐蚀，很多都是在"带病"上岗，存在很大的安全隐患，希望物业客户服务中心重视该问题，加强管理。

由于是老小区，以前没有入驻物业公司，当前的物业公司也是新进的，物业客户服务中心在接到王女士的投诉后，也表示了歉意与感谢，因为他们确实对该方面的工作有所忽视，并立即安排人员逐户查看，对于存在安全隐患的空调支架，沟通并监督业主尽快更换。

实例解析

空调支架是用来支撑空调外机的支撑设备，需要遭受外部环境风吹雨打的考验，但很少有业主会注意到空调支架的安全问题和寿命问题。

在本案例中，因王女士无意间发现楼下邻居空调支架锈迹斑斑，并反馈给楼下邻居，但楼下邻居觉得支架很安全，不需要更换或修理。而王女士考虑到空调外机支架的安全隐患，不得已向物业客户服务中心投诉。因为王女士有着比较客观的想法，认为外机支架的安全情况是很大的问题，所以才会特别重视该问题。

其实，该小区物业客户服务人员在逐户检查中也发现，很多外机支架已经锈迹斑斑，甚至看起来摇摇欲坠。他们很庆幸收到王女士的投诉，因为这些外机支架不及时更换，不仅会使业主的空调受到损害，甚至还会危害到小区人员的人身安全。

知识看板

根据《民法典》第一千二百五十三条的规定：建筑物、构筑物或者其他设施及其搁置物、悬挂物发生脱落、坠落造成他人损害，所有人、管理人或者使用人不能证明自己没有过错的，应当承担侵权责任。所有人、管理人或者使用人赔偿后，有其他责任人的，有权向其他责任人追偿。

根据《物业管理条例》第四十六条的规定：物业服务企业应当协助做好物业管理区域内的安全防范工作。发生安全事故时，物业服务企业在采取应急措施的同时，应当及时向有关行政管理部门报告，协助做好救助工作。物业服务企业雇请保安人员的，应当遵守国家有关规定。保安人员在维护物业管理区域内的公共秩序时，应当履行职责，不得侵害公民的合法权益。

物业公司负责小区公共区域的秩序维护和安全防范，应多加督促业主们积极排查隐患，特别是在汛期来临前加以提醒，让业主随时都有安全意识。当然，除了提高业主的风险意识，物业客户服务中心还应从中协调，鼓励业主对空调支架进行统一更换，以保障业主及他人的人身安全。

一般情况下，空调外机支架是有使用寿命的，厂家的保质期通常为6年，使用寿命通常为10～12年。不过很多业主对这个概念非常模糊，基本上不会去关注支架的使用情况，更不会要求厂家进行报修或者更换。

第 7 章
综合事务管理投诉处理

在物业公司入驻小区时，就会与开发商或业主委员会签订物业服务合同，虽然是一种平等的服务关系，但很多业主可能缺乏相关法律知识，动不动就会对物业公司进行投诉，最常见的就是综合事务管理投诉，如停车场地管理投诉、基础服务投诉以及物业收费投诉。

7.1 停车场地管理投诉

买车容易养车难，除了平时要支出的油费、维护费、过路费等费用之外，业主还需要花费一笔停车费。停车场地有很多种，如地上、地下以及人防工程，性质不同、权属不同，很多购买车位的业主分不清哪些属于人防工程，哪些又属于业主的公共空间，因此很容易与物业公司产生冲突，从而投诉物业公司。针对停车场地管理的投诉，物业客户服务人员又该如何处理呢？

7.1.1 业主投诉小区消防通道被其他车辆占用

典型实例

某小区物业客户服务中心接到业主张先生的投诉，称小区内车辆乱停乱放，电动车更是堆积在楼道内，居民行走不便，存在很大的安全隐患。同时，小区消防通道上更是停满车辆，这不仅损害了广大业主的利益，更严重的是发生火灾，消防车辆无法顺利进入小区救火，直接威胁到业主的生命安全。物业客户服务中心接到投诉后，立即安排人员前往现场查看。

对于机动车和非机动车的停车乱象，物业客户服务中心回应称，由于小区刚刚建设完成，前期未对非机动车停车位进行规划，当前也意识到问题的严重性，非机动车位已经处于规划当中，预计两个月内能得到改善，同时会采取相应措施阻拦电动车上楼。

另外，小区地下车库即将改造完毕，会改善机动车的停车现状，针对堵塞消防通道的车辆，也会劝解车主立即挪开，并加强巡逻，严禁此种情况再发生。

实例解析

消防通道是为消防紧急事故准备的通道，用于消防人员实施营救和被困人员疏散的通道。通常情况下，火灾发生后的3～5分钟是黄金救援时间，如果发生火灾，而消防通道被堵塞，则意味着用于灭火的供水车、泡沫车，以及救人的登高平台、云梯车都将被挡在火场外，将造成非常严重的后果。

消防通道是小区住户疏散的安全通道，涉及住户的生命和财产安全，任何单位和个人不得随意占用、堵塞、封闭消防通道。因此，物业客户服务人员在接到类似投诉后，应该重视存在的问题，为了解除消防通道被占用带来的安全隐患，应立即前往查看并研究解决措施。

同时，根据登记车辆号牌查找车主，耐心与其进行沟通，解决车辆乱停、乱放的现象。若是因为停车位导致业主无处停车，还需要与开发商沟通，解决停车场地的问题。

知识看板

根据《消防法》第十六条规定，机关、团体、企业、事业等单位应当履行下列消防安全职责：保障疏散通道、安全出口、消防车通道畅通，保证防火防烟分区、防火间距符合消防技术标准。

《消防法》第二十八条的规定：任何单位、个人不得损坏、挪用或者擅自拆除、停用消防设施、器材，不得埋压、圈占、遮挡消火栓或者占用防火间距，不得占用、堵塞、封闭疏散通道、安全出口、消防车通道。人员密集场所的门窗不得设置影响逃生和灭火救援的障碍物。

根据《物业管理条例》第五十条的规定：业主、物业服务企业不得擅自占用、挖掘物业管理区域内的道路、场地，损害业主的共同利益。

一个看似"无关紧要"的占道，可能就会造成危及重大财产甚至危害生命安全，任何人都不能抱有侥幸心理。针对小区内乱停车导致消防通道堵塞的情况，物业客户服务中心有义务进行处理，这是物业公司的责任，业主发现此现象可以找物业公司投诉，如果物业公司不处理，则业主可以到当地房管部门投诉。

7.1.2 车主投诉在停车场内丢失贵重物品

典型实例

某小区业主吴女士夜晚驱车回家时，一时大意忘记关闭车窗。第二天开车时发现车内的手提电脑不翼而飞。吴女士非常着急，立即找到小区物业客户服务中心寻求帮助，物业客户服务人员带领吴女士一起前往值班室查看监控，从监控回放中发现有人经过吴女士的车辆时看到车窗未关闭，"顺手牵羊"拿走了车内的手提电脑。

吴女士认为物业公司没有做好巡逻与保管义务，于是报警要求索赔。而物业公司认为，业主虽然将物业委托给自己进行管理，但按照合同约定，只履行小区公共的安全与秩序，不承担业主财产丢失的责任。

也就是说，吴女士与物业公司是一种委托与被委托、服务与被服务的平等关系，而物业公司与业主签订的是普通合同，只负责小区公共秩序的维护和共用设施设备的维保工作，不包括业主的个人财物和安全。

警务人员核实后认为，吴女士与物业公司确实只是签订了一份普通合同，而吴女士想要享受物业公司对其个人财物的服务，则需要单独签订一份专属特约服务合同。吴女士的私家车属于私人财产，而普通合同中没有明确说明物业公司需要对业主的个人物品负责，所以吴女士丢失的手提电脑与物业公司无关。

通过警务人员与物业客户服务人员的耐心沟通，吴女士平复了心情，并同意耐心等待警务人员追查盗窃分子。同时，物业客户服务人员也主动拷贝监控记录，将其提交给警务人员，并表示积极配合调查。

实例解析

从本案例中可以看出，物业公司与业主签订了普通合同，而合同中没有明确物品丢失责任，同时物业公司主动提供监控资料，协助警务人员办案，可以说明无须承担责任。

如果物业管理合同内明确，业主丢失物品由物业公司承担赔偿责任，则业主可以向物业公司索赔。此外，若业主有证据证明物业公司存在过错导致其财物受损，也可直接要求物业公司赔偿。

知识看板

根据《民法典》第八百九十七条的规定：保管期内，因保管人保管不善造成保管物毁损、灭失的，保管人应当承担赔偿责任。但是，无偿保管人证明自己没有故意或者重大过失的，不承担赔偿责任。

这里要看物业公司是否与业主签订保管协议，如果没有签订相关协议，则物业公司对业主车内的物品不具有保管义务，就不需要为业主丢失物品承担责任。如果签订了保管协议，物业公司没有尽到保管义务，导致业主车内物品丢失，则应当承当相应赔偿责任，但物业公司若能证明其在保管过程中已经尽到了必要的注意义务，没有重大过失，也可以免除赔偿责任。

7.1.3 业主投诉外来车辆占用小区车位

典型实例

某商住一体的小区位于商业旺地，该小区物业公司为了提高地下停车场的使用率，对停车场进行了开放式经营，不过只开放了临时停放业务，而未提供月停放业务。车辆增多后，停车位问题更趋紧张，很多业主在小区缴纳了停车费，但是停车场却停满了外来车辆，根本就没有业主停车的位置。

于是，部分业主向物业客户服务中心进行投诉，小区车位应当优先提供给业主使用，现在把车位出租给外来车辆使用，导致业主的需求无法满足，损害了广大业主的利益，要求物业客户服务中心给出合理的解释。

物业客户服务中心在接到客户投诉后，不仅虚心接受业主的意见，还立即制订了改进措施，改进完成后及时将结果反馈给业主。

实例解析

从本案例中可以看出，物业公司对外开放停车，不仅可以增加停车场的收入，还能解决周边停车难的问题，但没有兼顾到业主的需求，从而引起了业主的投诉。

物业客户服务中心在接到此类投诉后，应耐心向业主解释与沟通。同时，虚心接受业主提出的意见，表示会积极处理该问题，对于外来车辆停放给业主带来的不便，会立即制订改进措施。例如，统计本物业内的车辆数量，如果停车位确实比较紧张，则关闭对外开放的业务。如果某个时间段闲置的车位较多，则可以设置不同时段开放对外业务，并及时将处理结果反馈给业主。

知识看板

根据《民法典》第二百七十五条的规定：建筑区划内，规划用于停放汽车的车位、车库的归属，由当事人通过出售、附赠或者出租等方式约定。占用业主共有的道路或者其他场地用于停放汽车的车位，属于业主共有。

《民法典》第二百七十六条的规定：建筑区划内，规划用于停放汽车的车位、车库应当首先满足业主的需要。

小区停车位为所有业主共同拥有，物业公司只有在征得业主委员会的同意，才能将停车场对外开放。而在业主停车位不够的情况下，需要先满足业主的实际需求。

7.1.4 汽车在停车场被划伤，业主投诉物业公司

典型实例

吴先生将其名下的小轿车停放到小区露天停车场中。一天早上，吴先生的妻子陈女士到小区停车场取车时，发现小轿车的两侧有明显划痕，于是向物业客户服务中心要求查看停车场的监控录像。物业公司因露天停车场视频监控系统正在建设，无法提供监控录像。

在双方多次协商无果后，吴先生将物业公司投诉至小区业主委员会，请求业主委员会协助处理，要求物业公司赔偿相应损失，并公开赔礼道歉，否则将要去法院起诉物业公司。吴先生认为，自己及家人多次要求物业公司提供监控录像，但物业公司拒不配合，在明知自己车辆受损的情况下，不积极查找原因，还推卸管理不善的责任。

同时物业公司认为，小区公共停车场的产权属于全体业主，而公司与业主委员会签订的物业服务合同中规定，由物业公司承包管理停车场的车位。同时，在物业公司对小区进行管理期间，吴先生一直未缴纳物业管理费和停车费。虽然，在本次事件发生期间，物业公司免费为吴先生提供了停车场地，但是双方之间没有签订车辆保管合同，不存在保管合同的法律关系。

于是，业主委员会找来专业的律师进行协调。律师通过查证后认为，小区露天停车场系由物业公司经营管理的收费停车场，并不影响双方保管合同的成立，但吴先生无法证明自己的车辆是在小区的露天停车场被划伤。

小区业主委员会出具相关证明文件，证明该露天停车场的视频监控系统正在建设当中，还未完成验收，所以未正式移交给物业公司，物业公司无法调取监控系统。也就是说，吴先生无法找物业公司追责。

实例解析

从本案例中可以看出，该小区的露天停车场由物业公司经营管理，并收取相应的停车费。吴先生将私家车停放至该停车场内的停车位，按规定缴纳相应停车费用，则可以说明吴先生已经将车辆交付给物业公司保管，双方保管合同成立。

但吴先生在停放车辆时，与物业公司未就车辆的外观情况进行确认，所以无法肯定该车辆是在停车场内被划伤。也就是说，吴先生不能对该事件进行举证，也就无法要求物业公司赔偿。同时，业主委员会也能证明停车场的监控系统暂未验收交接，导致视频监控无法调取，此事件中物业公司不存在过错。

知识看板

根据《民法典》第八百九十七条的规定：保管期内，因保管人保管不善造成保管物毁损、灭失的，保管人应当承担赔偿责任。但是，无偿保管人证明自己没有故意或者重大过失的，不承担赔偿责任。

根据《民事诉讼法》第六十七条的规定：当事人对自己提出的主张，有责任提供证据。

吴先生想要获取物业公司的赔偿，就需要承担证明基础事实成立的举证义务。如果无法举证，则需要承担举证不能的法律后果。

7.2 基础服务投诉

物业管理服务是购房中重要的组成部分，业主在购买房屋之前，可能会听到各种小区物业公司服务不到位、物业不作为的情况。为了改善业主对物业公司的看法，物业客户服务中心需要做好基础服务管理，避免出现基础服务投诉。

7.2.1 业主投诉物业公司人员变动频繁

典型实例

某小区物业客户服务中心上门进行业主满意度调查时，发现很多业主对物业公司人员频繁变动表示不满，甚至有的员工还没过试用期就离职了，新入职的员工往往不熟悉业主及管理业务，导致服务质量下降，给业主带来许多不便。

物业客户服务中心在接到该类投诉后，立即组织物业客户服务人员与业主对接并做好相关解释。向业主分析员工流动性大的原因，重点说明了招工难、用工荒是当前各行各业都面临的难题。同时，提出相应的改善措施，如加强员工培训，提升员工整体素质；完善物业公司的用人机制等，从而让业主理解物业公司。

实例解析

从本案例中可以看出，物业公司普遍面临着用工难，人员流失率高的情况，这也是各行各业长期需要面对的现实问题，物业公司出现这种情况主要有以下四点原因。

- ◆ 与社会整体水平比较，物业公司一线员工的薪资偏低，导致很多员工认为没有发展前途而离职。
- ◆ 物业公司的社会地位不高，小区业主认可程度较低，做了很多工作却得不到认可。
- ◆ 通常情况下，物业服务工作需要24小时轮班，很多年轻人难以适应这种工作强度。
- ◆ 很多外地来的"务工"人员，都只是临时找个工作过渡，等熟悉这个城市，找到了新的工作，就会立即辞职。

而小区业主与物业公司老员工相处时间较长，容易产生亲切感与依赖感，遇到问题往往会找熟悉的人来帮忙。因此，物业公司人员变动较大，会让业主产生较大的不满情绪，继而投诉物业公司，所以物业公司要未雨绸缪，提前做好人员储备，并制订合理的人员管理措施。

知识看板

根据《物业管理条例》第三十五条的规定：物业服务企业应当按照物业服务合同的约定，提供相应的服务。物业服务企业未能履行物业服务合同的约定，导致业主人身、财产安全受到损害的，应当依法承担相应的法律责任。

物业公司只需要按照物业合同的约定履行职责，物业服务合同中对服务内容与服务标准都有明确的规定，而物业公司员工变动并不属于物业服务合同的内容，物业客户服务人员只需要耐心解释，避免引发小区业主的负面情绪即可。

7.2.2　小区菜地改造遭业主投诉

典型实例

在某小区内,一楼的部分业主利用房前屋后的绿地种菜,将绿化带变为自己家的田园,严重影响了其他业主。物业公司为了缓解小区业主之间的矛盾,对多处菜地进行了改造,移栽了部分树木与花草。

然而,此举遭到了一楼部分小区业主的反对,认为物业公司损害了自己的利益,于是向业主委员会投诉,要求物业公司还原自己的菜地,并公开赔礼道歉。

业主委员会了解情况后,联合城管、社区以及物业公司耐心对这部分业主进行宣传和教育,并告知他们,绿地属于所有业主共同所有,不能作为私用,在得到一楼业主的理解和支持后,物业公司对占用的公共绿地进行拆除清理,并对其进行修复,种植了便于存活的树木和花草,还预留了一块空地用于增设健身器材。这一次所有的业主都很支持物业公司的工作,并对其进行了赞扬。

实例解析

从本案例中可以看出,公共绿地属于小区所有业主共有,部分业主在绿化带上面擅自种菜,搭建了一些构筑物、栅栏,破坏了绿化,侵犯了其他业主的权益,依法应该对其进行拆除清理。

同时,物业公司及各部门也需要采取长效管理措施,加大监管力度,对私占公共绿地种菜的行为做到及时发现,及时整改,维护小区环境整洁,让小区业主生活在一个舒适、优美的环境中。

知识看板

根据《民法典》第二百七十四条的规定:建筑区划内的道路,属于业主共有,但是属于城镇公共道路的除外。建筑区划内的绿地,属于业主共有,但是属于城镇公共绿地或者明示属于个人的除外。建筑区划内的其他公共场所、公用设施和物业服务用房，属于业主共有。

也就是说，建筑区划内的绿地，包括绿地的土地使用权（非所有权）、绿地附着物的所有权，属于全体业主共同拥有。只有该绿地属于城镇公共绿地或明确说明属于个人的特殊情况下，才不属全体业主共有。

本案例中一楼门前空地在建筑区划内，不属于城镇公共绿地，也没有相关证据证明该绿地专属于个人，故该绿地的土地使用权及附着物所有权归全体区分所有权人共有。

部分业主未经过其他业主的同意，私自将绿地改建为菜地，侵犯了其他业主的权利。同时，该行为还破坏了小区的整体规划，破坏绿植、影响美观，污染环境等。最终影响了其他业主的正常生活，应当根据物业公司的要求，立即停止侵权、铲除菜地、恢复原状。

7.2.3 业主投诉自来水不干净

典型实例

某小区多位业主向物业公司投诉，家中的自来水出现浑浊、发臭现象。物业公司技术人员经过现场勘察后表示，供水公司的供水管道出了问题，于是立即联系了供水公司相关人员。

接到通知后，供水公司对该问题高度重视，立刻派遣工作人员紧急处理，先通过放水冲洗的方式清理供水主管网，然后清理各居民楼前的支管网，并最终将该问题解决。随后，供水公司客户经理与物业客户服务中心主管对发起投诉的几位业主进行回访，耐心向其解释该问题出现的原因，并获得谅解。

供水公司客户经理介绍，水质变差的原因有很多，该小区在建设过程中，未将供水管道施工交给自己公司，该小区又属于西区供水管道的末端，自来水流淌到此处可能会出现沉淀杂质，同时处于疫情期间，许多餐馆、茶楼等关门停工，导致水流量与平时有差异，从而对水质产生一定影响。

同时，供水公司客户经理也表示，已经安排工作人员将该小区供水管道末端打开，与东区供水管道联结，从而加快自来水水速，避免再次出现类似问题。

实例解析

从本案例中可以看出，对于业主来说，如果发现小区的水质很差，可以及时向物业客户服务中心反馈，如果物业客户服务中心不及时处理，可以向相关行政管理部门投诉。

物业客户服务中心接到投诉后，应及时联系当地供水公司。通常情况下，供水公司接到通知后会迅速派人了解水质异常情况，还要对出厂水和供水管道中的自来水水质进行检测。若自来水本身存在问题，供水公司会尽快解决。如果是其他原因造成的，供水公司也会主动给出解决问题的建议和指导。

知识看板

根据《民法典》第五百八十二条的规定：履行不符合约定的，应当按照当事人的约定承担违约责任。对违约责任没有约定或者约定不明确，依据本法第五百一十条的规定仍不能确定的，受损害方根据标的的性质以及损失的大小，可以合理选择请求对方承担修理、重作、更换、退货、减少价款或者报酬等违约责任。

业主与开发商买卖合同的直接标的物是小区住房，而供水设备作为住房的配套设施，自来水存在质量问题，直接关系到业主的居住便利和身体健康。因此，供水系统是合同标的物的组成部分，开发商交付的标的物存在质量缺陷，业主有权要求开发商进行处理。

开发商委托物业公司对小区进行管理，而供水公司作为自来水提供方，物业公司有权要求其处理自来水故障。

7.3 物业收费投诉

物业管理费是住宅小区收取的费用之一，很多小区业主享受到了物业公司提供的物业服务，每个月或每年会按期前往物业客户服务中心缴纳物业管理费。但是部分业主认为自己小区的物业收费不合理以及公共区域收费被占用，对物业公司提起了投诉，此时物业客户服务人员需要耐心合理地解决这类投诉。

7.3.1 业主质疑物业公司侵占小区广告收益

典型实例

2018年至2021年，某小区物业公司共收取小区电梯广告费5.80万元，而小区业主缴纳的专项维修资金已经用完，需要续交。2022年年初，物业客户服务中心进行自来水管及蓄水池改造集资意见征询，有些业主提出质疑：小区公共区域、电梯里投放了很多广告，这些广告费都去哪里了？现在自来水硬件改造，还需要我们出钱，这说不过去。

物业公司解释道，小区大堂、电梯及花园都投放了广告牌，这些广告的收益按理归全体业主所有。但该小区属于楼龄较长的小区，物业管理费收取标准较低，随着用工成本及物价的上涨，物业公司经营较为困难。在取得业主委员会的同意后，物业公司保持物业管理费不变，开展多种经营来支撑物业服务运作，作为运营费用的补充。

双方通过沟通，物业公司承诺每季度对收益及支出明细进行统计与公示，并确保公示数据的真实性，业主也表示理解，同意物业公司的这种做法。

实例解析

小区不动产分为两部分，分别是专有部分和共有部分。专有部分就是业主购买的住房，业主对其拥有单独使用权；共有部分就是非专有部分，属于小区所有业主共有部分，主要包括公共场所、公用设施和物业服务用房等，业主拥有共同所有权，即享有占有、使用、收益和处分的权能。

从本案例中可以看出，小区大堂、电梯及花园作为公用设施，属于小区共有部分，全体业主对此拥有共有权。通常情况下，由物业公司直接与商家洽谈广告事宜，然后商家将广告费支付给物业公司，而广告费属于共有部分的收益，应归于全体业主共有。

物业公司对广告费的使用主要分为两部分，分别是广告管理支出与专项维修资金使用，都需要经过业主大会决议。而维持广告运营的费用则不需要通过业主发挥决议，直接从广告费中扣除即可。

知识看板

根据《民法典》第二百八十二条的规定：建设单位、物业服务企业或者其他管理人等，利用业主的共有部分产生的收入在扣除合理成本之后，属于业主共有。

第二百八十二条的规定：建筑物及其附属设施的费用分摊、收益分配等事项，有约定的，按照约定；没有约定或者约定不明确的，按照业主专有部分面积所占比例确定。

第二百八十四条的规定：业主可以自行管理建筑物及其附属设施，也可以委托物业服务企业或者其他管理人管理。对建设单位聘请的物业服务企业或者其他管理人，业主有权依法更换。

《物业管理条例》第五十四条的规定：利用物业共用部位、共用设施设备进行经营的，应当在征得相关业主、业主大会、物业服务企业的同意后，按照规定办理有关手续。业主所得收益应当主要用于补充专项维修资金，也可以按照业主大会的决定使用。

也就是说，物业公司想要利用业主共有部分经营，需要取得小区业主委员会的许可，同时还应定期公示一次利用共有部分产生收益的财务报表，财务报表清晰明了，让业主一目了然、心知肚明，也能减少纠纷和投诉。

7.3.2 业主质疑物业公司收取"违约金"

典型实例

家住某小区的杨女士下班回家时,发现自家防盗门被物业公司贴了一张物业催费通知单。通知单中显示,杨女士被催交1月1日至12月31日的物业管理费。这让杨女士不能理解,明明去年8月才缴纳过上半年的物业管理费,截至目前尚未满一年,而自己通常是年底才去物业客户服务中心缴纳物业管理费,现在还未到缴费时间怎么开始催缴费用了?

另外,在催费通知单的备注栏中明确写道:请您接到本通知单于5个工作日内前往物业服务中心缴纳费用;逾期不缴纳的,物业公司将收取每日3‰的违约金。对此,杨女士对物业客户服务中心存在质疑,认为其没有权利收取违约金。

面对这种情况,物业客户服务中心主管表示,小区的物业管理费按照合同实行预交制度,即每年1月1日和7月1日前缴纳,半年缴纳一次,但很多业主并没有按照这个来执行,多数业主是一年才交一次物业管理费。其实,只要业主能在每年年底前缴纳本年的物业管理费,物业公司就没有强行收取违约金,而且催费通知单上的违约金为3‰,比合同上约定的1%低很多。

同时,物业客户服务中心主管说到,现在收取物业管理费比较困难,很多业主都不会主动缴纳,有的业主认为物业管理费的单价有问题,有的业主要在"享受"完一年的管理服务后再缴纳,而催交通知单只是一种手段,只是提醒业主该缴纳物业管理费了,也不会真的收取业主的违约金。

杨女士在了解了相关情况后,也在家里详细查看了与物业公司签订的物业服务合同,最终也意识到自己对物业公司有偏见,主动前往物业客户服务中心缴纳了本年的物业管理费。

实例解析

从本案例中可以看出,杨女士在收到物业催费通知单后,对物业公司的违约金存在质疑。经过物业主管的解释后也缴纳了物业费。如果业主对物业公司不满意，认为物业管理服务没有达到物业服务合同约定，所以拒绝或拖延缴纳物业管理费，应提前做好取证工作，从而投诉物业公司违约。

物业服务是一种公共服务，物业公司为了避免出现业主拒交物业管理费的情况，通常会在合同中对违约金进行约定，具体的违约金收取标准，是由小区业主委员会与物业公司双方共同协商约定。其实，对于大部分物业公司而言，业主只要愿意缴清拖欠的物业管理费，他们基本上不会要求业主再缴纳违约金。

知识看板

根据《民法典》第五百八十五条的规定：当事人可以约定一方违约时应当根据违约情况向对方支付一定数额的违约金，也可以约定因违约产生的损失赔偿额的计算方法。约定的违约金低于造成的损失的，人民法院或者仲裁机构可以根据当事人的请求予以增加；约定的违约金过分高于造成的损失的，人民法院或者仲裁机构可以根据当事人的请求予以适当减少。当事人就迟延履行约定违约金的，违约方支付违约金后，还应当履行债务。

业主不按时缴纳物业管理费，实际侵犯了其他按时缴费业主的权益，所以物业公司按照合同约定收取违约金合情合理。物业管理费违约金应该属于应付未付的违约金，总额也不可以超过本金。根据目前物业管理的相关政策法规，没有对物业公司能否收取违约金以及收取标准做出详细规定。

物业管理费违约金通常都会在物业服务合同中有所约定，带有一定阻吓性质，防止出现多数业主都不缴纳物业管理费的情况。具体的违约金标准，应该由小区业主委员会与物业公司共同协商确定。其实，只要不是恶意欠缴物业管理费，是否真的要追缴违约金，物业公司可以与业主友好协商，多数情况下物业公司不会要求业主缴纳违约金。

7.3.3 业主投诉物业公司有偿服务不透明

典型实例

某小区物业客户服务中心李主管接到小区业主陈女士的求助电话，声称自己家阳台的水管漏水，需要维修，李主任立刻安排维修工程师陈师傅赶到业主家，并将水管维修好。

不过，第二日陈女士就前往物业客户服务中心投诉：我家水管漏水，你们这边安排的维修人员帮助维修水管，上门查看后告知需要交纳200元维修费，维修完成，我也支付了200元，却没收到任何发票或收据，我现在需要你们给个合理解释。

物业客户服务人员热情接待了陈女士，耐心听取其诉求，并认真做好记录。在了解清楚情况后，联系陈师傅询问维修情况，分析维修流程是否符合要求，查看归档的维修资料是否齐全，待确认一切无误后，将上门服务的流程及收费情况告知陈女士，让其理解物业客户服务中心的工作。如果维修人员在此事中存在过错，则应该向陈女士道歉并获取谅解，同时对物业客户服务中心的人员进行培训，加强管理，避免类似问题再次出现。

实例解析

为了更好地提高小区服务，及时解决业主生活中的实际困难，满足小区业主居家生活服务的需求，很多物业公司在做好物业服务合同中要求的服务工作外，还特地开展便民有偿服务工作。简单而言，有偿服务是相对于物业服务合同委托的服务而言，为业主提供的超出合同服务范围的特约服务，是需要进行额外付费的服务。

在本案例中的维修服务，就属于有偿服务工作的内容，如果业主不清楚有偿服务的收费情况，则可能引起业主的投诉。其中，有偿服务主要以小区内业主家中水、电维修安装、家政保洁、供暖供热设备维修等为主，是一种便民举措，只要收费合理、透明，业主更多是举手欢迎的。那为何陈女士要投诉陈师傅呢？因为陈女士对陈师傅提出的价格和手续产生怀疑。

要避免这个问题其实很简单，物业客户服务中心在向业主发放住户手册时需要向其解释清楚，住户手册中明确表明了有偿服务的内容及收费指导价。同时，在物业服务中心也要明确悬挂"有偿服务价格公示牌"，对于不在清单中的有偿服务内容，视情况另行报价或建议业主另请公司外人员维修。

另外，为了确保有偿服务工作的规范性，物业公司可以鼓励员工和业主共同实施监督管理，如发现有员工私下接单、乱收费等现象，一律严格处理，并对举报真实有效者，发放相应的奖励。

知识看板

根据《中华人民共和国物业管理条例》第四十三条的规定：物业服务企业可以根据业主的委托提供物业服务合同约定以外的服务项目，服务报酬由双方约定。

物业公司按照物业服务合同提供服务，业主按照物业服务合同缴纳费用，而超出合同范围内的服务，物业公司按照约定收取费用属于合法行为。

7.3.4 业主投诉动用维修资金不合法

典型实例

某小区物业客户服务中心接到业主顾先生的投诉，顾先生称：前几天，物业客户服务人员小李前往他家，征询动用维修资金改造小区自来水管道的事情，但顾先生考虑到自己刚换了水管，并安装了自来水过滤器，所以他并没有同意此次自来水改造工程，并在征询单上签上了"不同意"的文字。可现在物业客户服务中心还是使用维修资金改进了自来水管道，这让他不得不怀疑物业客户服务中心的行为是否合法？

后来，物业客户服务人员耐心向顾先生解释，顾先生明白其中缘由并表示理解。原来动用维修基金修理管道、监控照明电缆等事项时，需要业主共同决定，也可以组织业主召开全体业主大会讨论。业主大会决定筹集和使用专项维修资金以及改建、重建建筑物及其附属设施，应当经专有部分占建筑物总面积 2/3 以上的业主且占总人数 2/3 以上的业主同意。目前，物业客户服务中心征询单中，已经有超过 2/3 的业主同意，所以物业公司可以动用维修资料改造自来水管道。

实例解析

小区的维修资金属于全体业主共同占有，物业公司使用业主交存的房屋专项维修资金，业主、业主委员会或其委托的物业公司是申请人。专项维修资金用于房屋共用部位、共用设施设备保修期满后的维修和更新改造，如房屋的基础、承重墙屋顶以及户外的墙面门厅。另外，还包括电梯、照明、消防设施以及非经营性的停车场等。

从本案例中可以看出，物业公司在组织业主表决时，采用了纸质的线下逐户表决的方式，其实也可以采用信息化表决方式，如扫描微信二维码线上投票表决。另外，为了确保业主利益不受损失，自来水管道改造过程中，由申请人组织业主积极参与监督工作，发现问题及时指出并要求施工单位进行整改。更为重要的是，物业公司在申请动用维修资金时，应当遵循便捷、公开、透明的原则，保证业主的知情权，及时将费用的使用情况进行公示。

如果小区没有业主委员会，只有物业公司管理小区，则必须 2/3 以上的业主签字确认才能动用维修资金；如果小区有业主委员会，则可以直接根据业主委员会的意见，决定能否动用维修资金。

知识看板

根据《物业管理条例》第十二条的规定：业主大会会议可以采用集体讨论的形式，也可以采用书面征求意见的形式；但是，应当有物业管理区域内专有部分占建筑物总面积过半数的业主且占总人数过半数的业主参加。业主可以委托代理人参加业主大会会议。业主大会决定本条例第十一条第(五)项和第(六)项规定的事项，应当经专有部分占建筑物总面积 2/3 以上的业主且占总人数2/3以上的业主同意；决定本条例第十一条规定的其他事项，应当经专有部分占建筑物总面积过半数的业主且占总人数过半数的业主同意。业主大会或者业主委员会的决定，对业主具有约束力。业主大会或者业主委员会做出的决定侵害业主合法权益的，受侵害的业主可以请求人民法院予以撤销。

从实践来看，维修资金申请使用难是各小区普遍存在的问题，主要的难点就是需要满足业主人数达到2/3，而私自动用维修资金会被投诉，还可能面临赔偿。也就是说，因为维修资金是小区公共部位和共用设施设备维修的"养老金"，只有通过业主大会批准后才能使用，否则不可私自挪作他用。

第 8 章
物业客户服务管理的法律法规

物业客户服务人员实施物业管理时，首先需要做好最基本的服务工作，其次根据自身能力和业主需求，采用灵活的管理机制和服务方式，拓展服务工作。不过，还需要掌握更多的法律知识，通过法律的途径来维护业主的合法权益和社会秩序。

8.1 依法订立物业服务合同

合同是当事人或当事双方之间设立、变更、终止民事关系的协议，依法成立的合同，受法律保护，合同规定的权利和义务在双方当事人之间产生约束力。在物业管理中，物业服务合同是比较常见的一类合同，处理起来也是按照民事诉讼程序进行。

8.1.1 物业服务合同的订立

目前，大部分的小区都会配置物业公司，他们维修养护房屋及设备设施，维护小区的绿化环境，为业主提供专业的物业管理服务。如果想物业公司为业主提供服务，业主委员会就应与物业公司订立物业服务合同，那么什么是物业服务合同呢？

根据《民法典》第九百三十七条的规定：物业服务合同是物业服务人在物业服务区域内，为业主提供建筑物及其附属设施的维修养护、环境卫生和相关秩序的管理维护等物业服务，业主支付物业费的合同。物业服务人包括物业服务企业和其他管理人。

（1）物业服务合同的特征

合同双方负有相应的义务，一方需向另一方支付相应报酬，所以物业服务合同在法律上属于有偿的双务合同。而双方发生纠纷后，合同也是证明各自权益的重要保障。其中，物业服务合同具有如下特征。

- ◆ 物业服务合同也称为物业管理合同，是建立在平等、自愿基础上的民事合同。
- ◆ 物业服务合同属于特殊的委托合同，产生的基础在于业主大会、业主委员会的委托，但与一般的委托合同又存在差异。
- ◆ 物业服务合同是以劳务为标的的合同，物业公司的义务是为业主提供合同约定的劳务服务，如房屋维修、设备保养、治安保卫以及清洁卫生。物业公司在完成约定义务后，可以获得相应报酬。

- 物业服务合同属于诺成合同、双务合同，自业主委员会与物业公司就合同条款达成一致意见即合同成立，不需要以物业的实际交付为要件。物业服务合同自双方达成协议时成立，故为诺成性合同；委托人和受托人双方都负有义务，故为双务合同。
- 物业服务合同的订立以当事人相互信任为前提，任何一方通过欺诈、利诱等手段签订的合同，一经查实，可依法起诉，直至解除合同关系。

（2）物业服务合同的订立流程

对于刚竣工的小区而言，通常先委托开发商与物业公司签订前期物业服务合同，待业主委员会成立后，再由业主委员会与物业公司签订物业服务合同。

如果业主委员会决定选聘新的物业公司，业主委员会就不会与前期介入的物业公司续签物业服务合同，即使业主委员会同意与前期的物业公司签订物业服务合同，也有可能对合同内容进行修改，从而形成最终版的物业服务合同。

也就是说，最终要选择哪家物业公司，要由业主委员会确定。不过，选定小区物业公司并不是随意进行，而是要按照相关流程进行。

> 物业服务合同的签订

按照常规惯例，物业服务合同的签订大致有以下几个程序。

①招标人与中标的物业公司谈判，一些不清晰、不完备的条款是谈判的重点，主要内容包括：中标物业公司的改进意见、变更的条件、完善不规范条款、修改报价等。

②发送中标通知书或签发意向书。

③拟定并签订合同协议书。

> 专项服务分包合同的签订

对于专项服务可能需要进行分包，此时需要签订专项服务分包合同，专项服务分包合同主要包括：企业类型、基本管理项目与内容、管理要求、管理费用、双方权利义务、合同期限、违约责任以及其他条款等。

对于投标的物业公司，在签订专项服务分包合同时需要注意分包价格、违约风险以及奖惩措施等问题。

> **知识扩展** *物业服务合同内容和形式*
>
> 根据《民法典》第九百三十八条的规定：物业服务合同的内容一般包括服务事项、服务质量、服务费用的标准和收取办法、维修资金的使用、服务用房的管理和使用、服务期限、服务交接等条款。物业服务人公开作出的有利于业主的服务承诺，为物业服务合同的组成部分。物业服务合同应当采用书面形式。

8.1.2 物业服务合同的效力

业主在购房后会签订房屋买卖合同，而物业服务合同也是所签订合同的一部分，不能随意取消。其中，合同的效力非常重要，是整个交易中最受关注的一部分，那么物业服务合同在实际操作中的效力如何呢？下面就来看看。

根据《民法典》第九百三十九条的规定：建设单位依法与物业服务人订立的前期物业服务合同，以及业主委员会与业主大会依法选聘的物业服务人订立的物业服务合同，对业主具有法律约束力。

第九百四十条的规定：建设单位依法与物业服务人订立的前期物业服务合同约定的服务期限届满前，业主委员会或者业主与新物业服务人订立的物业服务合同生效的，前期物业服务合同终止。

（1）物业服务合同效力的认定

➢ 开发商签订前期物业服务合同的效力

小区业主委员会成立前，开发商与物业公司签订的物业服务合同对业主具有约束力。

➢ 业主委员会签订的物业服务合同的效力

业主委员会成立后根据业主大会的决定，与物业公司签订的物业服合同对全体业主具有约束力。物业服务合同可以约定期限，在期限未满时，业主委员会与物业公司签订的物业服务合同生效后，前期开发商签订的物业服务合同终止。

(2) 物业服务合同无效的处理方式

存在下列情形之一，当事人可以请求相关单位认定物业服务合同或合同条款无效。

①开发商未依照规定选聘物业公司的。

②开发商在小区业主委员会依法成立后，仍以自己名义与物业公司签订物业服务合同的。

③商品房预售合同中有关物业服务的约定，存在排除业主后选择物业公司和商定物业服务费权利条款的。

④物业公司不具备物业管理资质的。

⑤业主委员会未征得业主大会的同意或未按业主大会决定的范围而签订的物业服务合同，起诉前或者一审期间未取得业主大会或半数以上业主追认的。

⑥物业公司未经业主委员会同意，擅自将整体管理服务转让给第三人或将其肢解后以分包的名义转包给第三人的。

⑦其他违反法律或行政法规强制性规定的。

物业服务合同被确认无效后，物业公司已经向业主提供的服务，可以请求业主委员会按照当地规定的最低价格支付物业服务费用。通常情况下，业主从开发商手里购房时，往往会先签订一份物业服务合同，该合同的效力需要根据合同的内容来判断，只要符合相关法律规定，就可以认定该合同具有法律效力。

8.1.3 签订物业服务合同的注意事项

物业服务合同是业主委员会和物业公司在根据《民法典》及实施细则等有关物业管理法律、法规和政策，在平等、自愿、协商一致的基础上签订的合同。物业公司应按照物业服务合同的约定提供服务，若未能履行物业服务合同的约定，导致业主的权益受到损害，应当依法承担相应的法律责任。同理，业主享受了物业公司提供的物业服务，也应根据物业服务合同支付相应的报酬。

物业服务合同明确规定了业主与物业公司双方的权利和义务关系，法院在审理物业服务纠纷时，会以物业服务合同为主要依据。因此，物业公司在签订物业服务合同时，需要特别注意下列问题。

- 双方当事人和小区的基本情况，主要包括双方当事人的资格认定、物业管理活动标的物的基本情况等。

- 双方当事人的权利和义务，主要包括业主支付物业服务费、物业公司提供服务等，这是物业服务合同最为重要的条款，具体内容又因管理事项类型的不同而存在差异。

- 物业管理服务事项和服务质量的要求，主要包括火警防范，如加强消防设备、防火设施的管理；清洁维护，如定期清除垃圾、清理水沟、外墙洗刷；公共设施维修，如水电机械维护、公共电梯定期检查；绿化管理，如修剪花草、重栽枯树。

- 因物业服务合同属于有偿合同，所以合同中要明确物业管理服务费的收取标准、收取时间及收取方法等。另外，因为物业服务分为不同档次，所以收取的费用也存在较大的差异，在确定合理的费用时，物业公司要经过详细的内容测算和横向比较。

- 物业公司在对小区进行物业管理时，为了方便需要使用小区的房屋作为办公地点，该房屋的使用、管理和费用等应在物业服务合同中明确，属于物业管理的特殊条款。

- 维修费用属于有偿服务，通常独立于物业管理服务费，属于物业管理服务费以外的费用，收取方式主要由双方当事人单独约定。

- 物业服务合同存在有效期，合同的终止事项及终止后相关事宜主要是物业资料的移转。通常情况下，不允许双方当事人随意解除合同，如果一方提出要在合同期限内解除合同，就必须依据合同的具体条款进行协商，协商一致后可解除合同的效力。

- 明确业主和物业公司双方违反约定应承担的违约责任，违约责任要具有实用性和可操作性，特别是业主拒交物业服务费或者解聘物业公司等。
- 物业管理关系虽然只在业主和物业公司之间发生效力，因物业管理关系的特殊性，小区所在居委会、城建部门和相关市政部门也具有一定管理和监督职能，因而物业管理关系的纠纷解决及关系结束也与其他合同存有差异。
- 双方当事人根据具体情况约定的其他条款。

8.1.4 物业服务合同违约责任

按照法律的相关规定，物业公司与业主委员会签订了物业服务合同，如果其中一方没有按照合同约定履行义务，就需要承担相应的违约责任。物业服务合同的违约责任是指向对方支付一定数额的违约金，也可以约定因违约产生的损失赔偿。其中，《民法典》中对合同的违约责任做了规定，具体条文内容如下所示。

第五百七十七条　当事人一方不履行合同义务或者履行合同义务不符合约定的，应当承担继续履行、采取补救措施或者赔偿损失等违约责任。

第五百七十八条　当事人一方明确表示或者以自己的行为表明不履行合同义务的，对方可以在履行期限届满前请求其承担违约责任。

第五百七十九条　当事人一方未支付价款、报酬、租金、利息，或者不履行其他金钱债务的，对方可以请求其支付。

第五百八十条　当事人一方不履行非金钱债务或者履行非金钱债务不符合约定的，对方可以请求履行，但是有下列情形之一的除外：

（一）法律上或者事实上不能履行；

（二）债务的标的不适于强制履行或者履行费用过高；

（三）债权人在合理期限内未请求履行。

有前款规定的除外情形之一，致使不能实现合同目的的，人民法院或者仲裁机构可以根据当事人的请求终止合同权利义务关系，但是不影响违约责任的承担。

第五百八十一条　当事人一方不履行债务或者履行债务不符合约定，根据债务的性质不得强制履行的，对方可以请求其负担由第三人替代履行的费用。

第五百八十二条　履行不符合约定的，应当按照当事人的约定承担违约责任。对违约责任没有约定或者约定不明确，依据本法第五百一十条的规定仍不能确定的，受损害方根据标的的性质以及损失的大小，可以合理选择请求对方承担修理、重作、更换、退货、减少价款或者报酬等违约责任。

第五百八十三条　当事人一方不履行合同义务或者履行合同义务不符合约定的，在履行义务或者采取补救措施后，对方还有其他损失的，应当赔偿损失。

第五百八十四条　当事人一方不履行合同义务或者履行合同义务不符合约定，造成对方损失的，损失赔偿额应当相当于因违约所造成的损失，包括合同履行后可以获得的利益；但是，不得超过违约一方订立合同时预见到或者应当预见到的因违约可能造成的损失。

其实，不管是物业公司违约，还是业主违约，又或者是开发商违约，都需要承担相应的违约责任。对于物业服务合同中约定的违约金，没有法律强制性规定，只需要双方当事人协商确定即可。

8.1.5　物业服务合同的变更与解除

物业服务合同的变更与解除是因之前约定的内容不符合当前实际情况，经双方当事人协商后对合同进行修改或者解除。

（1）物业服务合同的变更

在物业公司接管小区后，可能会因业主的其他要求或环境的变化，导致实际情况与合同不符，此时应由物业公司与业主委员会商讨，对物业服务合同的内容进行修改。物业服务合同一旦发生变化，双方当事人应按照变更后的内容履行合同，任何一方违反变更后的合同内容都属于违约。其中，物业服务合同变更见表8-1。

表 8-1 物业服务合同变更的特点

特点名称	说　明
协商一致性	物业服务合同的变更须经物业公司与业主委员会协商一致，并在原有合同基础之上达成新的协议
局部变更性	物业服务合同的变更只是针对原有合同内容的局部修改和补充
相对消灭性	因物业服务合同变更会产生新的内容，所以履行时不能按照原合同进行，而应该按照变更后的权利与义务履行

想要构成物业服务合同的变更，还必须具有以下条件。

- ◆ **合同已经生效**：物业服务合同的变更必须建立在已有合同基础之上，否则就不存在合同变更问题。
- ◆ **具备法定形式**：从形式和实质上应当符合法律规定。
- ◆ **依据法律或当事人约定**：物业服务合同的变更不仅可以依据法律规定产生，还可以通过双方当事人协商产生。
- ◆ **非实质性条款发生变化**：不会导致原合同关系破灭和新合同关系产生的合同条款被称为非实质性条款，也就是除合同标的之外的其他条款。

（2）物业服务合同的解除

物业服务合同的解除是指因发生法律规定或当事人约定的情况，使得当事人之间的权利和义务消灭，从而使物业服务合同终止法律效力。

合同的解除有两种方式，分别是协商解除和法定解除，业主个人解除物业服务合同的，可以和物业公司协商。其中，物业服务合同的解除主要有以下几种情况。

- ◆ 物业服务合同规定的有效期限届满。
- ◆ 当事人一方侵害另一方权益，经协商或法院判决解除合同。
- ◆ 当事人一方违约，经法院判决解除合同。
- ◆ 当事人双方协商解除合同。

当事人双方协议解除或者依据法律规定解除物业服务合同，都需要遵照一定程序。

根据《民法典》第五百六十六条的规定：合同解除后，尚未履行的，终止履行；已经履行的，根据履行情况和合同性质，当事人可以请求恢复原状或者采取其他补救措施，并有权请求赔偿损失。

8.2 物业服务费的法律规定

根据法律规定，物业服务费是从业主确定收房之日起收取，业主不可以拒绝支付物业服务费，否则属于违约行为，需要承担违约责任，那么法律关于物业服务费方面的规定是怎样的呢？下面就来一起看看吧。

8.2.1 物业服务费的构成

物业管理服务的主要目的是对小区的安全、卫生、公共设施以及绿化等进行管理，为了让业主生活更加舒适。其中，物业管理服务主要包括图 8-1 所示的内容。

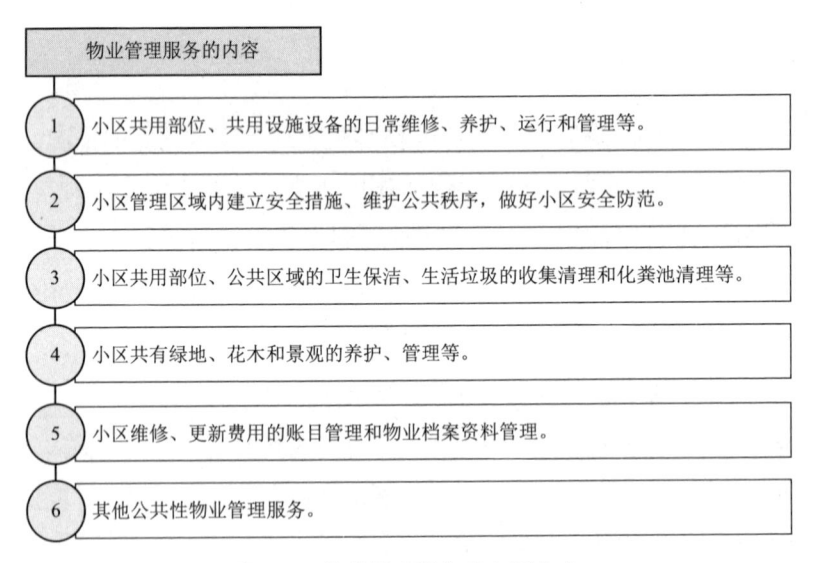

物业管理服务的内容
1. 小区共用部位、共用设施设备的日常维修、养护、运行和管理等。
2. 小区管理区域内建立安全措施、维护公共秩序，做好小区安全防范。
3. 小区共用部位、公共区域的卫生保洁、生活垃圾的收集清理和化粪池清理等。
4. 小区共有绿地、花木和景观的养护、管理等。
5. 小区维修、更新费用的账目管理和物业档案资料管理。
6. 其他公共性物业管理服务。

图 8-1 物业管理服务的主要内容

物业服务费是物业公司依据物业服务合同为业主提供物业管理服务，业主依据物业服务合同应支付的费用。物业客户服务人员想要做好物业服务费的收取与管理，需要弄清楚物业服务费的具体构成。其中，物业服务费的构成包括物业服务成本、法定税金和利润，而物业服务成本构成主要包括以下部分。

- ◆ 物业服务人员的工资、社会保险和相关福利费等。
- ◆ 小区共用部位、共用设备设施的日常维修、养护、运行和管理费用。
- ◆ 小区管理区域内清洁卫生、垃圾处理等费用。
- ◆ 小区管理区域内绿化养护、管理等费用。
- ◆ 小区管理区域内秩序维护、安保等费用。
- ◆ 日常办公费用。
- ◆ 小区共用部位、共用设备设施及公众责任保险费用。
- ◆ 物业公司固定资产折旧费用。
- ◆ 经业主同意的其他费用。

> **知识扩展** *物业公司和业主的义务*
>
> 根据《民法典》第九百四十二条的规定：物业服务人应当按照约定和物业的使用性质，妥善维修、养护、清洁、绿化和经营管理物业服务区域内的业主共有部分，维护物业服务区域内的基本秩序，采取合理措施保护业主的人身、财产安全。对物业服务区域内违反有关治安、环保、消防等法律法规的行为，物业服务人应当及时采取合理措施制止、向有关行政主管部门报告并协助处理。
>
> 第九百四十四条规定：业主应当按照约定向物业服务人支付物业费。物业服务人已经按照约定和有关规定提供服务的，业主不得以未接受或者无须接受相关物业服务为由拒绝支付物业费。业主违反约定逾期不支付物业费的，物业服务人可以催告其在合理期限内支付；合理期限届满仍不支付的，物业服务人可以提起诉讼或者申请仲裁。物业服务人不得采取停止供电、供水、供热、供燃气等方式催交物业费。

8.2.2 物业服务费的收费原则

我国物业服务费的收取标准分四级，分别是一级物业收费标准、二级物业收费标准、三级物业收费标准和四级物业收费标准，不同级别的物业管理有不同级别的收费标准。如果物业公司收取物业服务费不参照一定的标准，影响了业主的切身利益，就容易引起业主的投诉。另外，物业服务费的收费标准还要遵循一定的原则，不能胡乱收取。

合理原则。物业公司在制订物业服务收费标准时应符合国家规定、客观规律以及业主的实际需要，禁止擅自设立收费项目，巧立名目乱收费。在业主委员会成立前，物业服务费标准应报政府物价部门审批，待业主委员会成立后，由业主委员会与物业公司按照规定协商确定。

公平有偿原则。谁使用、谁付费，谁受益、谁付费，这是公平有偿原则最直接的体现。不管物业使用人是谁，都应该为其所享受的物业服务支付物业服务费，享受的服务越多，支付的费用也就越多。

公开透明原则。物业公司和业主之间是平等的法律主体，所涉及的权益都必须公开，事先确定清楚，才能避免产生纠纷。

相适应原则。在确定物业服务费标准时，应重点考虑服务质量，遵循两者相适应的原则。简单而言，物业服务费标准越高，物业公司所提供的服务质量就越好；反之，物业服务费标准越低，物业公司所提供的服务内容就越少，服务标准就越低。

业主承受原则。物业服务费标准应根据业主的收入水平来确定，收费标准过高，因业主无法承担，所以很难取得用户支持；反之，收费标准过低，因违背市场收入规则，导致物业公司亏本服务。

微利原则。物业管理服务部分的收入扣除支出略有剩余，否则服务的项目越多，物业服务人员的工作量越大，亏损就越大。

下面以某市物业服务收费标准为例，介绍相关内容。

实操范例 物业服务收费标准

一级收费标准

每月 2.4 元／平方米，浮动幅度在 20% 上下合法有效。

一、综合管理

1. 物业客户服务中心：小区设置服务接待中心，配置日常办公用品。

2. 物业管理服务人员：物业经理持有项目经理资格证，管理人员持有物业管理员资格证，特种作业员工持有专业部门颁发的有效证书。

3. 服务时间：服务人员 24 小时不间断接待业主，处理物业服务合同范围内的事务，受理业主的咨询和投诉，答复率 100%、处理率 100%。

4. 日常管理与服务：

（1）日常服务应符合国家有关规定以及物业服务合同的约定；

（2）建立物业管理区域内的管理规章制度；

（3）物业服务合同签订规范，及时公布服务内容与标准、收费标准等；

（4）实行 24 小时报修值班制度；

（5）对进出小区的装修车辆、装修人员实行出入证管理，对装修现场进行巡视；

（6）对侵害物业共用部位、共用设施设备的行为，要求责任人停止侵害、恢复原状；

（7）运用计算机对各类资料档案进行管理，建立完善的档案管理制度；

（8）每年进行两次业主满意度测评，覆盖率达到 85% 以上；

（9）按规定使用共用部位、共用设施设备专项维修资金，公布专项维修资金使用情况；

（10）每年第四季度将物业共用部位、共用设施设备运行状况的报告提交业主委员会，并进行公示；

（11）对场地占用费的收取和使用情况进行公示；

（12）节假日进行专题布置，每年组织两次以上社区活动。

二、清洁卫生

1. 楼内公共区域：……

2. 楼外公共区域：……

三、公共秩序维护

1. 人员要求：……

2. 门岗：……

3. 巡逻岗：……

4. 车辆管理：……

四、绿化养护

1. 草坪及地被植物整齐。

2. 树冠完整美观，无枯枝死权。

3. 绿篱及时修剪，无缺株。

4. 组织浇灌、施肥和松土。

5. 做好病虫害防治，保证树木花草生长正常。

6. 采取植物防冻保暖措施，扶正加固。

五、共用部位养护

1. 维修养护制度：……

2. 小区平面分布图、楼门标识等：……

3. 房屋外檐：……

4. 楼梯扶手、门窗：……

5. 楼内墙地面、顶面：……

6. 雨水井、化粪井：……

7. 场地、道路：……

8. 安全标识：……

…………

二级收费标准

每月 1.8 元 / 平方米，浮动幅度在 20% 上下合法有效。

一、综合管理

1. 服务中心：……

2. 管理服务人员：……

3. 服务时间：……

4. 日常管理与服务：……

二、清洁卫生

1. 楼内公共区域：……

2. 楼外公共区域：……

三、公共秩序维护

…………

四、绿化养护

…………

五、共用部位养护

…………

三级收费标准

每月 1.2 元 / 平方米，浮动幅度在 20% 上下合法有效。

一、综合管理

…………

二、清洁卫生

…………

三、公共秩序维护

…………

四、绿化养护

…………

四级收费标准

每月 0.9 元／平方米，浮动幅度在 20% 上下合法有效。

....

在本示例中，将物业服务费的标准定为四级，每级的收费不同，提供的服务也不同，所以物业客户服务中心要根据小区的实际需求与业主的经济情况，确定收费标准。

8.3 法律法规在物业客户管理中确定的原则

《民法典》是新中国第一部以法典命名的法律，它的实施意味着《中华人民共和国婚姻法》《中华人民共和国继承法》《中华人民共和国收养法》《中华人民共和国民法通则》《中华人民共和国担保法》《中华人民共和国合同法》《中华人民共和国物权法》《中华人民共和国侵权责任法》和《中华人民共和国民法总则》全部废止。

上述法律有关物业管理的相关规定将同时废止，旧法的废止、新法的诞生将对物业客户管理产生相应影响，物业客户服务人员应了解法律法规在物业客户管理中确定的原则。

8.3.1 建筑物区分所有权

在现代社会中，人口不断增长，高层建筑也越来越多，建筑物之间是有区分所有权的，物业客户服务人员应该了解法律关于建筑物区分所有权的有关规定，这样才能更好地维护业主的使用权，避免出现纠纷。

根据《民法典》第二百七十一条的规定：业主对建筑物内的住宅、经营性用房等专有部分享有所有权，对专有部分以外的共有部分享有共有和共同管理的权利。

建筑物区分所有权将建筑物的特定部分作为所有权的标的，行使原则是"房地一致"原则。业主的建筑物区分所有权包括对其专有部分的所有权、对建筑区划内的共有权和共同管理的权利。

(1) 专有权

根据《民法典》第二百七十二条的规定：业主对其建筑物专有部分享有占有、使用、收益和处分的权利。业主行使权利不得危及建筑物的安全，不得损害其他业主的合法权益。

业主对建筑区划内专有部分享有单独所有权，即对该部分为占有、使用、收益和处分的排他性支配权。由于此项专有部分与建筑物上其他专有部分有密切的关系，具有共同的利益，所以其构成要件和范围都有特别的要求。

- 具有构造、使用和登记独立性的房屋、车位、摊位，都属于专有部分。
- 列入房屋买卖合同的露台，为专有部分的组成部分。

业主对其建筑物专有部分享有占有、使用、收益和处分权时，不得危及建筑物的安全，不得损害其他业主的合法权益。

另外，建筑物及其附属设施的费用分摊、收益分配等事项，首先按照约定执行，没有约定或约定不明确时，则按照业主专有部分面积所占比例确定。

(2) 共有权

根据《民法典》第二百七十三条的规定：业主对建筑物专有部分以外的共有部分，享有权利，承担义务；不得以放弃权利为由不履行义务。业主转让建筑物内的住宅、经营性用房，其对共有部分享有的共有和共同管理的权利一并转让。

第二百七十四条规定：建筑区划内的道路，属于业主共有，但是属于城镇公共道路的除外。建筑区划内的绿地，属于业主共有，但是属于城镇公共绿地或者明示属于个人的除外。建筑区划内的其他公共场所、公用设施和物业服务用房，属于业主共有。

第二百八十一条规定：建筑物及其附属设施的维修资金，属于业主共有。经业主共同决定，可以用于电梯、屋顶、外墙、无障碍设施等共有部分的维修、更新和改造。建筑物及其附属设施的维修资金的筹集、使用情况应当定期公布。紧急情况下需要维修建筑物及其附属设施的，业主大会或者业主委员会可以依法申请使用建筑物及其附属设施的维修资金。

共有部分是指区分所有的建筑物及其附属物的共同部分，即专有部分以外的建筑物的其他部分。简单来说，就是业主对专有部分以外的走廊、楼梯、过道、电梯、外墙面、水箱、水电气管线等共有部分，对小区内道路、绿地、公用设施、物业管理用房以及其他公共场所等共有部分享有占有、使用、收益、处分的权利。

（3）管理权

业主对专有部分以外的共有部分享有共同管理的权利，可以自行管理建筑物及其附属设施，也可以委托物业服务企业或者其他管理人管理。管理权属于永续性权利，只要建筑物存在，基于共同关系所产生的管理权与共同关系始终、永续存在。

> 管理组织

根据《民法典》第二百七十七条的规定：业主可以设立业主大会，选举业主委员会。业主大会、业主委员会成立的具体条件和程序，依照法律、法规的规定。地方人民政府有关部门、居民委员会应当对设立业主大会和选举业主委员会给予指导和协助。

第二百八十六条规定：业主应当遵守法律、法规以及管理规约，相关行为应当符合节约资源、保护生态环境的要求。对于物业服务企业或者其他管理人执行政府依法实施的应急处置措施和其他管理措施，业主应当依法予以配合。业主大会或者业主委员会，对任意弃置垃圾、排放污染物或者噪声、违反规定饲养动物、违章搭建、侵占通道、拒付物业费等损害他人合法权益的行为，有权依照法律、法规以及管理规约，请求行为人停止侵害、排除妨碍、消除危险、恢复原状、赔偿损失。业主或者其他行为人拒不履行相关义务的，有关当事人可以向有关行政主管部门报告或者投诉，有关行政主管部门应当依法处理。

全体业主组成业主大会，业主大会选举业主委员会，业主大会、业主委员会的决定对业主具有约束力。

> 管理规则

根据《民法典》第二百七十八条的规定：下列事项由业主共同决定。

（一）制定和修改业主大会议事规则；

（二）制定和修改管理规约；

（三）选举业主委员会或者更换业主委员会成员；

（四）选聘和解聘物业服务企业或者其他管理人；

（五）使用建筑物及其附属设施的维修资金；

（六）筹集建筑物及其附属设施的维修资金；

（七）改建、重建建筑物及其附属设施；

（八）改变共有部分的用途或者利用共有部分从事经营活动；

（九）有关共有和共同管理权利的其他重大事项。

业主共同决定事项，应当由专有部分面积占比三分之二以上的业主且人数占比三分之二以上的业主参与表决。决定前款第六项至第八项规定的事项，应当经参与表决专有部分面积四分之三以上的业主且参与表决人数四分之三以上的业主同意。决定前款其他事项，应当经参与表决专有部分面积过半数的业主且参与表决人数过半数的业主同意。

《民法典》第二百七十九条规定：业主不得违反法律、法规以及管理规约，将住宅改变为经营性用房。业主将住宅改变为经营性用房的，除遵守法律、法规以及管理规约外，应当经有利害关系的业主一致同意。

业主有权通过业主大会、业主委员会平台进行表决，来决定区分建筑物的相关事项。

8.3.2 建筑区划内的道路、绿地等权利归属

在物权法的制定过程中,针对建筑区划内道路、绿地等归属,存在着多种意见。例如道路是市政设施,应当属于国家所有,业主享有使用权;业主购房后对专有部分以外的道路、绿地、其他公共场所、公用设施和物业服务用房等共有部分享有共有和共同管理的权利。那么,建筑区划内的道路、绿地等到底应该归谁所有?《民法典》第二百七十四条对其进行了详细说明。

《民法典》第二百七十四条对建筑区划内的道路、绿地、其他公共场所、公用设施和物业服务用房归属进行了规定,由此可知。

◆ 建筑区划内的道路作为建筑物的附属设施,原则上归业主共有,但是属于城镇公共道路的除外。例如,规定建筑区划内 4 米以下宽的道路归业主,4 米以上宽的道路归市政。

◆ 建筑区划内的绿地作为建筑物的附属设施,原则上归业主共有,但是属于城镇公共绿地或者明示属于个人的除外。值得注意的是,这里所说的绿地归业主所有,不是说绿地土地所有权归业主所有,而是作为土地上的附着物归业主所有。

◆ 建筑区划内的其他公共场所、公用设施和物业服务用房,属于业主共有。其他公共场所、公用设施和物业服务用房等虽然属于业主共有,但并不意味着非业主一律不得使用。

8.3.3 规划车位、车库权属的原则

小区车位和车库与业主居住环境、生活条件密切相关,是业主生活不可或缺的重要部分。《民法典》专门规定了车位、车库的归属问题。

根据《民法典》第二百七十五条的规定:建筑区划内,规划用于停放汽车的车位、车库的归属,由当事人通过出售、附赠或者出租等方式约定。占用业主共有的道路或者其他场地用于停放汽车的车位,属于业主共有。

第二百七十六条规定:建筑区划内,规划用于停放汽车的车位、车库应当首先满足业主的需要。

《民法典》中明确了小区用于停放汽车的车位、车库产权由当事人通过出售、附赠或出租等方式，确定其产权归属。

建筑物与土地使用权不能相分割原则。只有取得特定范围内土地的使用权，才能取得该土地上建筑物的所有权，所以车位、车库不能单独获得土地使用权，车位、车库所使用的土地是业主交纳土地使用费的土地，小区土地面积已经全部分摊给业主，所以小区业主享有小区土地使用权，开发商不再享有。

车位、车库优先满足业主需要。车位、车库作为小区建设的配套设施，应该与道路、管线一样，交付给建筑物的所有人共同使用。在房屋买卖合同中没有特别约定时，车位、车库应当依从房屋一并出售、转移。根据法律法规，开发商有建设车位、车库的义务，所以不能利用车位、车库面向社会公众开放谋取私利，首先应该满足小区业主的生活需要，向特定人群提供停车位。

8.3.4 相邻建筑物通风、采光和日照的原则

在房屋买卖过程中，会涉及很多购房名词，如采光权。采光权不仅是指房屋建设中相邻住宅之间的间距，还要综合考虑通风、采光和日照等问题，因为通风、采光和日照受到相邻建筑物的妨碍，业主的生产、生活乃至身体健康都将受到影响。

根据《民法典》第二百八十八条的规定：不动产的相邻权利人应当按照有利生产、方便生活、团结互助、公平合理的原则，正确处理相邻关系。

第二百八十九条规定：法律、法规对处理相邻关系有规定的，依照其规定；法律、法规没有规定的，可以按照当地习惯。

第二百九十三条规定：建造建筑物，不得违反国家有关工程建设标准，不得妨碍相邻建筑物的通风、采光和日照。

通风、采光和日照是衡量业主居住质量的重要标准之一，随着生活水平的提高，人们对居住环境中的通风、采光和日照的要求越来越高，因建

筑物的通风、采光和日照问题引发的纠纷越来越多。因此，《民法典》中对建筑物通风、采光和日照的问题作了明确规定。

国家有关工程建设标准规定，建筑物不得妨碍相邻建筑物的自然通风、采光和日照。建造相邻建筑物必须本着公平原则，充分考虑相邻方的权益，不得妨碍相邻人正常生活所必需的自然的通风、采光和日照，否则权利人可要求排除妨碍。

8.4 物业客户服务中的涉法处理实战

在前面讲解的纠纷处理和投诉解决中，或多或少会涉及以法律作为依据来解决问题，由于问题比较简单，责任划分清晰，物业人员通常可以轻松地解决。在本书最后章节主讲物业人员要懂得的法律知识，因此，本节将列举几个相对复杂的问题，涉及多方责任划定的案例，讲解相关的处理方法，提升物业人员的综合处理能力。

8.4.1 高空抛物致人死亡被判刑

典型实例

张女士某日下班回家，在路过小区5号楼和6号楼时，一个从天而降的健身铁球砸在了她的头上，张女士当场昏迷倒地，随即被物业客户服务人员送往附近的医院抢救。经过医院30个小时的抢救，花费20万余元的医药费后，最终经抢救无效死亡。

在事故出现时，物业客户服务中心就已经报警，经公安机关介入侦查后确定，健身铁球是小区5号楼1202室业主刘先生与妻子争吵时扔出。于是，张女士的家人将刘先生、小区物业公司都告上了法庭，要求他们赔偿并承担相应责任。

法院经审理认为，刘先生在未先行观察确保安全的情况下，从自家房屋向下扔出健身铁球，导致健身铁球砸中张女士头部，致使其死亡。刘先生的行为触犯了《刑法》第二百三十三条之规定，构成过失致人死亡罪，依法判处有期徒刑。另外，物业公司采取了必要的安全保障措施，在发生事故时积极将张女士送医并配合公安机关调查，所以不需要承担相关责任。

> **实例解析**

从上面的例子可以看出，张女士在路过 5 号楼与 6 号楼时，被楼上坠落的一个健身铁球砸中头部致死，这是客观事实。同时，公安机关在勘查现场时，排除了他人故意伤害的可能性，但确定了肇事者刘先生。

因此，该事故应由 5 号 1202 室的刘先生承担责任。对于物业公司而言，因为其尽到了安全保障义务，所以也不需要承担责任。其实，物业公司针对高空抛物也有一定的处理办法，具体介绍如下。

- ◆ **无事故损失的处理**：物业公司应重视无事故损失的高空抛物，尽快找出肇事人，指出高空抛物行为的危害及可能面临的法律惩罚，劝诫其不要出现该行为。物业公司对高空抛物的肇事人，应加强监督，特别是在日常巡逻中。如果没有证人证明肇事人，则物业客户服务人员应及时清除坠落物，并对相关联楼栋的住户进行调查与询问，同时对高空抛物的危害及处罚进行宣传。

- ◆ **有事故损失的处理**：因高空抛物导致小区内住户出现财产与人身安全损失，物业公司应积极配合执法部门进行取证，找出肇事人。为了规避此类风险，减少经济损失，物业公司可以足额购买公共责任保险。

- ◆ **积极处理投诉问题**：在小区内出现住户对高空坠物的投诉时，物业客户服务中心应及时安排人员前往现场处理，走访调查并记录相关情况，然后根据前面两类情况及时进行处理，安抚受害者情绪，及时向其反馈处理结果并定期回访。

从法律意义上来说，出现高空抛物现象并导致他人损失，应该由抛物者或抛物楼层群体负责民事赔偿，与物业公司无关，物业公司通常不需要承担相应责任，只需要做好分内工作即可。

高空坠物致人死亡的刑事责任涉嫌过失致人死亡罪，但该责任只有在确定直接侵权人的情况下才能使用，因为不能将高层以上的住户都按过失致人死亡罪去量刑，所以物业公司应该积极配合执法部门找到肇事人。

知识看板

根据《民法典》第一千二百五十四条的规定：禁止从建筑物中抛掷物品。从建筑物中抛掷物品或者从建筑物上坠落的物品造成他人损害的，由侵权人依法承担侵权责任；经调查难以确定具体侵权人的，除能够证明自己不是侵权人的外，由可能加害的建筑物使用人给予补偿。可能加害的建筑物使用人补偿后，有权向侵权人追偿。物业服务企业等建筑物管理人应当采取必要的安全保障措施防止前款规定情形的发生；未采取必要的安全保障措施的，应当依法承担未履行安全保障义务的侵权责任。发生本条第一款规定的情形的，公安等机关应当依法及时调查，查清责任人。

高空抛物主要分为三种情况，第一，如果发生高空抛物，肇事者应该向受害人进行赔偿，如果没找到高空抛物肇事者，应在能证明自己不是肇事人的情况下，其他人进行必要的补偿，补偿人补偿以后，可以向肇事者进行追偿；第二，物业公司应该就物业管理提供安全保障义务，如果没有尽到相应的安全保障义务，则应进行必要的赔偿；第三，在发生高空抛物现象后，如果进行了报案，公安机关需依法调查，找到具体责任人，对受害人进行必要的赔偿。

根据《刑法》第二百九十一条之二的规定：从建筑物或者其他高空抛掷物品，情节严重的，处一年以下有期徒刑、拘役或者管制，并处或者单处罚金。有前款行为，同时构成其他犯罪的，依照处罚较重的规定定罪处罚。

根据《刑法》第二百三十三条的规定：过失致人死亡的，处三年以上七年以下有期徒刑；情节较轻的，处三年以下有期徒刑。本法另有规定的，依照规定。

高空抛物致人死亡属于过失致人死亡的行为，涉嫌过失致人死亡罪，根据《刑法》需要被判刑。值得注意的是，高空抛物致人死亡的刑事责任只能由直接侵权人来承担，不能实行连坐法，这是违背刑事责任执行意愿的。

在建筑物中抛掷物品，不仅是不文明、违反公序良俗的行为，更是非常危险的危害公共安全的行为。小区住户缺乏安全意识、文明素养以及法律意识等，是造成高空抛物现象的主要原因，这不仅影响邻里关系，危害社会公共安全，甚至涉嫌犯罪，可能承担刑事责任，最高可判处死刑。因此，物业客户服务中心要加强监管，严格禁止高空抛物、坠物行为。

8.4.2 业主在小区被狗咬伤，物业公司是否应赔偿

典型实例

吴先生和6岁的女儿小吴是某小区的业主，小吴在小区玩耍时，突然被从绿化带中窜出的黑狗扑倒后，咬伤面部和腿部，黑狗随后逃窜不知去向，物业客户服务人员立即将小吴送至医院注射狂犬疫苗并住院治疗，但因小吴伤势过重，于几天后经抢救无效不幸离世。

在事件发生时，物业客户服务中心就调取了现场的视频监控，发现此黑狗是小区业主陈女士家中饲养的，陈女士在遛狗时没有拴狗绳，小吴玩闹时不小心碰撞到了陈女士，陈女士就驱使黑狗咬伤小吴。于是，吴先生要求陈女士进行赔偿，因陈女士不承认自家的狗咬伤小吴，甚至还说："它是畜生，我管不了。"故两家对赔偿没有达成一致。同时，吴先生认为物业公司不仅没有起到好的协调作用，还疏于对小区的管理，违反了物业服务合同的约定，应当承担相应责任。

物业公司则认为，自己已经协助吴先生找到狗主人，而小吴被咬伤的事件也不属于物业管理合同纠纷，应当属于侵权责任纠纷，吴先生应该对陈女士提出索赔需求，物业公司也没有对小吴进行特殊保护的义务，所以自己不该承担任何责任。吴先生没有办法，只能将陈女士与物业公司一起告上了法庭，要求他们承担相应责任。

法院经审理认为，陈女士放任狗处于脱离控制的状态，甚至驱使狗咬伤他人，陈女士涉嫌构成以危险方法危害公共安全罪，需要承担相应的刑事责任。物业公司作为该小区的管理方，未充分尽到安全保障义务，在

小吴被狗攻击时没有及时制止，存在明显的管理疏漏，导致小吴在小区公共区域内被狗咬伤，应当承担相应的赔偿责任。

实例解析

在很多小区或者街道中，经常发生狗伤人事件。但多数伤人事件都不是很严重，往往狗主人赔偿了事，所以很多人习惯性认为狗伤人只是民事案件，只是赔钱多少而已。事实上，狗对他人造成的伤害，最终责任都会由狗主人承担。

在本案例中，咬伤小吴的狗不属于无主的流浪狗，所以物业公司不存在未尽安全保障义务，吴先生也就不能以物业服务合同纠纷为由进行上诉。不过，物业公司有责任找到狗主人，要求狗主人承担全部责任，如果物业公司找不到狗主人，则需要根据过错承担相应责任。

其中，小吴在小区玩耍符合小区居民的正常行为法则，并无不当。但考虑到狗的行为也存在一定的不可控性。而陈女士将狗当作工具来伤害他人，唆使狗咬伤、咬死他人，可能涉嫌故意伤害或故意杀人罪，所以需要承担刑事责任。虽然物业公司找到了狗主人，但缺乏安全维护意识，所以需要赔偿相应的过错责任。

知识看板

根据《民法典》第一千二百四十五条的规定：饲养的动物造成他人损害的，动物饲养人或者管理人应当承担侵权责任；但是，能够证明损害是因被侵权人故意或者重大过失造成的，可以不承担或者减轻责任。

根据《民法典》第一千二百四十六条的规定：违反管理规定，未对动物采取安全措施造成他人损害的，动物饲养人或者管理人应当承担侵权责任；但是，能够证明损害是因被侵权人故意造成的，可以减轻责任。

根据《刑法》第一百一十四条的规定：【放火罪、决水罪、爆炸罪、投放危险物质罪、以危险方法危害公共安全罪之一】放火、决水、爆炸以及投放毒害性、放射性、传染病病原体等物质或者以其他危险方法危害公共安全，尚未造成严重后果的，处三年以上十年以下有期徒刑。

根据《刑法》第一百一十五条的规定【放火罪、决水罪、爆炸罪、投放危险物质罪、以危险方法危害公共安全罪之二】放火、决水、爆炸以及投放毒害性、放射性、传染病病原体等物质或者以其他危险方法致人重伤、死亡或者使公私财产遭受重大损失的，处十年以上有期徒刑、无期徒刑或者死刑。过失犯前款罪的，处三年以上七年以下有期徒刑；情节较轻的，处三年以下有期徒刑或者拘役。

小区内的狗咬伤、咬死人，物业公司可能承担赔偿责任，如果确定狗主人是责任主体，则由狗主人承担侵权责任；伤者存在故意或重大过失，则狗主人可以不承担或减轻承担责任；流浪狗导致的伤害，由物业公司承担未尽到小区安全管理义务的责任。其中，陈女士以危险方法危害公共安全罪的构成要件主要有以下几个方面：

- ◆ 陈女士达到了法定刑事责任年龄、具有刑事责任能力的自然人。
- ◆ 陈女士驱使狗咬伤小吴，应当能预见自己的行为可能发生危害社会的结果，则构成以危险方法危害公共安全罪。
- ◆ 因咬伤小吴的狗自身特性，不加以控制就容易对不特定的人群带来生命、财产的安全威胁，如旁边玩耍的孩童、经过的路人。
- ◆ 烈性犬的危险性类似于一个移动、多次爆发的炸弹，对他人的伤害可以是轻伤、重伤甚至死亡，与放火、决水、爆炸等危险方法的危险性相当，对公共安全构成了较大的威胁。

也就是说，如果狗主人没有尽到看护狗的责任，致使狗将他人咬伤、咬死等，狗主人必须承担相应的刑事责任。

8.4.3 小区保安打死外卖人员，物业公司应否担责

典型实例

外卖员杨先生在某小区送外卖时，因登记问题与小区门口保安发生纠纷并产生肢体冲突。正在附近巡逻的保安武先生闻讯赶到后，从门卫室内

拿出一根铁棍直接殴打杨先生头部，杨先生倒地不起，后经医院抢救无效死亡。

法院经审理认为，小区保安武先生对外卖员杨先生的生命财产实施伤害行为，最终导致被害人丧失生命，涉嫌故意伤害致人死亡罪，判处十年以上有期徒刑，赔偿死者杨先生家属死亡赔偿金、精神损害抚慰金等。

因保安武先生的家庭条件不好，无法赔偿杨先生家属的经济损失，于是杨先生家属又将物业公司告上法庭，要求其支付死亡赔偿金、精神损害抚慰金等，该请求得到了法院支持。

实例解析

在本案例中，两名保安与外卖员杨先生并没有私人恩怨，他们是在上班期间为了维护物业管理的正常秩序而与杨先生出现了冲突，因职责发生的纠纷，属于不当职务行为，即不恰当地实施与其本职工作或者单位指派的工作有关的行为，包括行为人超越其所在单位的事业范围、超越其本职权限的行为、在事业范围内和本职权限内履行职务时的过错行为，而因执行职务致人损害的，应当由该法人或者其他组织承担民事责任。

保安要求外卖员杨先生进行登记，可以认定为保安在执行物业管理的安保工作，由此造成的损害可以认定为因执行工作任务导致。如果小区保安是小区物业公司的正式员工，则物业公司有责任作为用人单位向杨先生家属进行民事赔偿，赔偿后可以向肇事保安追偿。

知识看板

根据《民法典》第一千一百七十九条的规定：侵害他人造成人身损害的，应当赔偿医疗费、护理费、交通费、营养费、住院伙食补助费等为治疗和康复支出的合理费用，以及因误工减少的收入。造成残疾的，还应当赔偿辅助器具费和残疾赔偿金；造成死亡的，还应当赔偿丧葬费和死亡赔偿金。

也就是说，物业公司保安将人打死不仅需要受刑事处罚，还需要承担民事赔偿责任，向其家属进行赔偿。

根据《民法典》第一千一百九十一条的规定：用人单位的工作人员因执行工作任务造成他人损害的，由用人单位承担侵权责任。用人单位承担侵权责任后，可以向有故意或者重大过失的工作人员追偿。劳务派遣期间，被派遣的工作人员因执行工作任务造成他人损害的，由接受劳务派遣的用工单位承担侵权责任；劳务派遣单位有过错的，承担相应的责任。

物业公司的保安在执行工作任务时，打人造成他人损害的，由物业公司承担侵权责任，保安有重大过错的，物业公司需要承担连带责任，因此本案例中法院支持受害人家属要求物业公司赔偿损失。

根据《刑法》第二百三十二条的规定：故意杀人的，处死刑、无期徒刑或者十年以上有期徒刑；情节较轻的，处三年以上十年以下有期徒刑。

故意杀人是指故意非法剥夺他人生命的行为，是法律对违法犯罪行为的判罚结果。简单而言，行为人知道自己的行为会导致他人死亡的结果，并且希望或者放任这种结果发生即为故意。

根据《刑法》第二百三十四条的规定：故意伤害他人身体的，处三年以下有期徒刑、拘役或者管制。犯前款罪，致人重伤的，处三年以上十年以下有期徒刑；致人死亡或者以特别残忍手段致人重伤造成严重残疾的，处十年以上有期徒刑、无期徒刑或者死刑。本法另有规定的，依照规定。

故意伤害罪是指行为人只想要对受害者实施暴力伤害，并没有想要受害者死亡，如果因为意外导致受害人死亡，则可能构成故意伤害致人死亡罪。故意伤害致人死亡属于故意伤害罪的结果加重情形，也就是伤害结果出乎意料的造成了死亡，行为人具有主观上的故意，但对死亡的结果，其主观上具有过失且只有过失。

由此可知，物业公司保安打死外卖员，依据构成的罪名判刑。如果构成故意伤害罪的，一般是处十年以上有期徒刑、无期徒刑或者死刑；如果是故意杀人罪的，最高可处死刑。赔偿能追回，生命难再续，打架是最愚蠢的解决问题的方式，作为物业公司的员工，出现伤人事件也需要承担相应责任。因此，物业公司要做好员工培训，时刻监督其远离不法行为。